Inhalt

Erster Teil

Die Arbeit der Liebe

1.
Liebe und Weisheit

Wer wurde noch nie von der Liebe überwältigt, ihren Freuden und ihrem Leid? Wie viele von uns versuchten nicht wieder und wieder nach dem zu greifen, was die Liebe zu versprechen scheint, nur um in Verwirrung, Angst oder Schmerz zurückgewiesen zu werden? Und wie viele geben schließlich auf und finden sich traurig damit ab, das Schauspiel der Liebe nur mehr als Zuschauer zu erleben?

Welche Bedeutung unser Leben auch haben mag, es wäre sinnlos ohne die Liebe. Allein welche Liebe? Nahezu alle Mythen und Legenden und Geschichten über die Liebe handeln von jener Macht der Leidenschaft, die uns zusammenführt – doch was dann?

Neben den großartigen antiken und mittelalterlichen Erzählungen über die Glut der Leidenschaft ist eine der tiefsinnigsten Liebesgeschichten der Welt fast in Vergessenheit geraten. In der Legende von Philemon und Baucis gibt es keinen verzauberten Liebestrank, wie er Tristan und Isolde Erfüllung im Tod finden läßt, und auch keine herzzerreißende Reise ins Reich des Hades, wo Or-

pheus seine Eurydice durch einen einzigen unge-
duldigen Blick für alle Ewigkeit verliert.

Wie ein schwacher Stern, der sich nur einem
unverstellten Blick offenbart, scheint der Mythos
von Philemon und Baucis in einem hintergründi-
gen Licht, das auf eine andere Wirklichkeit, eine
andere Liebe verweist. Und wer will leugnen, daß
sich unsere Welt danach sehnt, die Liebe neu zu
verstehen; zu verstehen, was es bedeutet, zusammenzuleben, an der Liebe zu arbeiten und niemals aufzugeben? Der Mythos von Philemon und
Baucis kann der Ausgangspunkt zur Erforschung
dieser Frage sein.

Unsere einzige Quelle ist Ovid, der große römi-
sche Chronist der Liebe und Transformation. In
seinen Metamorphosen läßt Ovid Lelex sprechen,
»reif an Jahren und Weisheit«:

»In dem hügeligen Land von Phrygien wächst
eine Eiche neben einer Linde; zusammen sind sie
von einer niedrigen Mauer umschlossen. Ich habe
die Stelle selbst gesehen ...«

In der Nähe, wo es einmal Felder und ein leb-
haftes Dorf gab, scheint nur ein See mit schlam-
migem Wasser geblieben zu sein, an dem Scharen
von Sumpfvögeln leben. Jupiter, Herr der Götter
und Menschen, besuchte dieses Land einst mit
seinem Gefährten Merkur. Als Sterbliche verklei-
det, wanderten sie von Haus zu Haus; sie wollten
wissen, wer sie empfangen und ihnen Essen und
einen Platz zum Ausruhen anbieten würde.

»Die beiden Götter gingen zu tausend Häusern,

und tausend Türen waren verschlossen und verriegelt.« Die Götter zwingen sich niemals auf; sie treten nur ein, wo ihnen die Tür offen steht.

Nur ein Haus ist nicht verschlossen – »eine bescheidene Wohnstatt, gedeckt mit Stroh und Schilf aus dem Sumpf«. Baucis, eine gütige alte Frau, und ihr Mann Philemon heißen sie willkommen. Baucis und Philemon sind gleichaltrig; sie haben in ihrer Jugend in dieser Hütte geheiratet und sind »in ihr gemeinsam grau geworden«.

In den alten Geschichten klingt die Bedeutung jeder Begebenheit auf vielen Ebenen an. Wer interessiert sich heute noch für das Symbol des Ehepaares, das von der Jugend bis ins hohe Alter zusammenlebt? Welche Liebe wird hier dargestellt? Und warum bitten gerade sie und nur sie allein die Götter in ihr Haus?

Baucis und Philemon sind arm, und ihre Armut wird nicht einfach nur erwähnt, wir erfahren auch, wie sie von ihnen empfunden wurde. »Sie bekannten sich zu ihrer Armut.« Sie sahen ihre Armut wie sie war, ohne sie vor sich selbst zu verbergen. Weil sie die Armut annahmen, »erleichterten sie die Bürde ihres Loses«. Gewiß spricht hier die alte Sprache des Mythos nicht nur von materieller Armut.

»Es war kein Unterschied, ob du in diesem Haus nach dem Herrn oder Diener suchtest – die beiden waren der gesamte Haushalt: gleichermaßen befahlen und gehorchten sie.« Warum wird dies ausgerechnet so gesagt?

Die »Himmelsbewohner« werden hereingebeten und müssen sich bücken, als sie durch die niedrige Tür treten. Sie sitzen auf einfachen Holzstühlen, und aus Blättern und trockener Rinde wird ein Feuer geschürt, um sie zu wärmen. Nach viel Geschäftigkeit und freundlichem Geplauder tragen die Gastgeber eine Mahlzeit aus Gemüse, Käse, Beeren und behutsam gebratenen Eiern auf groben Tontellern auf und reichen Wein »mäßigen Alters« herum.

»Als das Essen seinen Lauf nahm, sahen die beiden Alten, daß der Krug, soviel er auch geleert wurde, sich selbst wieder füllte.« Da erkennen Baucis und Philemon die wahre Identität ihrer Gäste und werden von Ehrfurcht und Scheu ergriffen. Schüchtern heben sie die Hände zum Gebet und flehen um Nachsicht für das karge Mahl. Sie besitzen eine einzige Gans als Wächter für ihr kleines Stück Land und wollen den Vogel nun zu Ehren der Besucher töten. Die Gans entkommt und nimmt Zuflucht bei den Göttern, die verbieten, sie zu töten. Nicht die Gans solle vernichtet werden, so sagen sie, sondern die Menschen des Ortes, die keine Götter empfangen wollten. Nur Baucis und Philemon sollten verschont bleiben. Sie werden aufgefordert, ihr armseliges Haus zu verlassen und, begleitet und geführt von den Göttern, einen steilen Berg zu besteigen. »Die beiden Alten taten, wie ihnen geheißen, stützten sich auf ihre Stöcke und kämpften sich den langen Abhang hinauf.«

Baucis und Philemon werden auf eine »höhere Ebene« geführt und sehen jetzt nur noch Wasser, wo einmal Land mit lebendigen Menschen war. Was sind dies für Götter? Erhalten wir nur ein Bild ihrer Bosheit und Rachsucht – oder geht es hier um etwas viel Tieferes, um den Zweck des menschlichen Lebens selbst und die schicksalhaften Konsequenzen des Unwillens der Menschen, diesen Zweck anzunehmen – wie in der Legende von Noah und der Sintflut im Alten Testament?

Inmitten der Zerstörung bleibt als einziges Gebäude das Haus, in dem Baucis und Philemon ihr Leben zusammen verbracht hatten – *indem sie sich gegenseitig dienten* (wo es weder »Herr noch Diener« gab). Und nun sehen sie erstaunt, wie sich ihre armselige Hütte in einen Tempel für die Götter verwandelt. »Als sie um das Schicksal ihrer Leute weinten, nahm ihre alte Hütte, die selbst für zwei schon klein gewesen war, die Gestalt eines Tempels an, Marmorsäulen ersetzten die alten Holzstützen, das Stroh wurde gelb, bis das Dach aus Gold gemacht schien, die Türen schienen aufs Schönste mit Schnitzereien geschmückt, und Marmor pflasterte den Lehmboden.«

Dann erhebt Jupiter, Sohn des Saturn, seine majestätische Stimme und verspricht, jeden ihrer Wünsche zu erfüllen. Wir sehen die beiden Alten zurücktreten und sich flüsternd beraten. Was wünschen sie sich vom Herrn des Himmels?

»Wir bitten darum, deine Priester zu sein, deinem Schrein zu dienen und, da wir in unserem ganzen Leben in glücklicher Eintracht gelebt haben, bitten wir darum, daß uns der Tod im selben Augenblick gemeinsam fortträgt ...« Ihr Wunsch wird erfüllt. Den Rest ihres Lebens verbringen sie als Priester des Jupiter im heiligen Raum des Tempels.

Jetzt berichtet Ovid von jener Transformation, die den geheimnisvollen Höhepunkt der Geschichte darstellt. Eines Tages stehen sie, vom Gewicht der Jahre gebeugt, auf den Stufen des Tempels und sprechen über all das, was hier geschehen ist. Plötzlich sieht Baucis an Philemon Blätter sprießen, und Philemon sieht dasselbe bei seiner Frau. »Als die Baumkronen bereits über ihre Gesichter wuchsen, wechselten sie ihre letzten Worte, solange sie noch konnten, und riefen gleichzeitig: ›Lebe Wohl, mein Liebstes!‹ Schon wuchs die Rinde über sie hinweg und versiegelte ihre Lippen. Die thynischen Bauern zeigen noch immer auf die Bäume, die hier Seite an Seite wachsen, Bäume, die einstmals Leiber waren.«

Nahezu alle Erzähler, die wie Bulfinch oder Edith Hamilton diese Geschichte in der Neuzeit wieder aufgegriffen haben, folgen Ovid nicht weiter und beenden sie an dieser Stelle. Hier besitzt das Bild der beiden Liebenden, die in miteinander verflochtene Bäume verwandelt wurden, aber bestenfalls einen bittersüßen Geschmack und wirkt selbst als Symbol grotesk – denn ein Symbol muß auf allen Ebenen stimmig sein, auch auf der wörtlichen Ebene. Es muß eine konkrete, greifbare Wahrheit darstellen, eine Wahrheit über das Leben, das wir sehen, hören und berühren ebenso wie über das unsichtbare Leben, das wir in uns selbst suchen. Doch scheint hier etwas nicht zu stimmen. Warum nicht »und wenn sie nicht gestorben sind ...«? Sind denn die Liebenden nicht tatsächlich gestorben? Gibt uns die Geschichte keine Hoffnung über das hinaus, was wir direkt vor unseren Augen mit unseren Sinnen wahrnehmen können?

Es ist ein eigenartiges Märchen. Und dennoch klingt in ihm etwas völlig Neues über die Liebe an. Die meisten Märchen haben ihr Geheimnis – sozusagen ihren Nabel – genau in der Mitte. Hier steht das Geheimnis am Ende. Nach welcher Art von Liebe können wir durch gemeinsames Bemühen im Zusammenleben streben? Was ist das, dem wir im anderen dienen? Und wofür müssen wir uns einander öffnen und den höheren Bereichen außerhalb und in uns selbst, den »göttlichen Bereichen«?

Was sind das für Bäume, die sich ineinander verflechten und niemals sterben? Und warum schließlich beendet Ovid die Geschichte nicht hier, wie die modernen Erzähler, sondern mit folgenden Worten des erzählenden Lelex:

»Diese Geschichte wurde mir von glaubwürdigen alten Männern berichtet, die durch Täuschung nichts zu gewinnen hatten. In der Tat sah ich selbst Kränze in den Zweigen hängen, habe frische dazugehängt und dabei gesprochen:

15

›Wen die Götter lieben, der ist selbst Gott, und wer verehrt hat, soll selbst verehrt werden.‹«

Die Geschichte endet also mit einem Hinweis auf die wirkliche Bedeutung der Verwandlung der beiden Liebenden. Wenn in den alten Geschichten Sterbliche zu Göttern werden, erfahren wir etwas über die Geburt eines neuen und höheren Selbst, der Seele in uns. Eben dieser inneren Geburt diente die Ehe von Philemon und Baucis.

Die Weisheitslehren

Jetzt müssen wir uns aber unsere eigene Erfahrung ansehen, unsere eigenen Begegnungen mit einem anderen Gott, dem Gott der Liebe, der im Himmel und auf Erden bekannt ist für den Verdruß und das Leid, das die Liebe neben den Freuden und der Leidenschaft mit sich bringt. Gibt es unter all dem, was unsere Kultur über die Liebe zu sagen weiß, auch ein Verständnis dafür, was es bedeutet, die Liebe *zu halten*, sie aufrecht zu erhalten, damit sie zu mehr dient als einem kurzen Aufglühen des Glücks und die Reise zur Geburt einer neuen, unverfälschten Menschlichkeit in uns unterstützen kann?

Diese Auffassung der Liebe gibt es; sie ist seit undenklichen Zeiten in den Weisheitslehren der antiken Welten überliefert. Aber als sei sie selbst ein ferner Stern, ist sie nicht so leicht zu erblicken unter den künstlichen Lichtern der Zivilisation, die uns so häufig blind machen für die Gegenwart der Sterne ... und der Götter.

Was meinen wir überhaupt, wenn wir von »den Weisheitslehren« sprechen? Dieser Begriff wird uns immer wieder leiten, wenn wir über die Frage der Liebe nachdenken. Gibt es wirklich ein aus den alten Welten überliefertes Wissen, das den Namen »Weisheit« verdient?

Hier stehen wir geradewegs vor der Aufforderung, den Göttern unsere Tür zu öffnen. Es stellt sich folgende Frage: Welchen Blick verlangen die Vorstellungen über die menschliche Natur und die Welt ganz allgemein im Herzen der großen spirituellen Lehren und Philosophien? Und welcher Kampf ist nötig, um unser Leben mit diesen Lehren in Einklang bringen zu können?

Es ist nicht schwer, einige der zentralen Lehren der spirituellen Traditionen der Menschheit herauszuarbeiten. Da in der Moderne die Völker einander immer näher kommen, wird es uns leicht gemacht, die Umrisse einer grundlegenden Vision herauszuarbeiten, die offenbar über die Jahrtausende von jeder menschlichen Gemeinschaft in den Begriffen ihrer jeweiligen Kultur formuliert wurde. Schwer zu verstehen jedoch bleibt, warum diese Vision so wenig Einfluß auf die tatsächliche Lebensweise der Menschen besitzt.

Das Geheimnis der »großen Weisheit« liegt also nicht so sehr in ihren Vorstellungen, als vielmehr in der Frage, warum es so schwierig ist, diese in die Praxis umzusetzen. Verstehen wir dies, gewinnen wir auch ein neues Verständnis dafür, was Menschen wirklich voneinander benötigen und einander geben können. Eben jener Dimension der Liebe möchte dieses Buch nachgehen.

Woraus aber, um damit zu beginnen, bestehen die Elemente dieser alten universellen Lehre an den Wurzeln der religiösen und spirituellen Philosophien der Welt? Was lehrt sie uns über das menschliche Wesen und die Welt, in der wir leben müssen? Diese Vision umfaßt eine Unmenge von Vorstellungen über das ganze menschliche Leben und die Welt der Natur. Im Folgenden werden einige ihrer wichtigsten Punkte skizziert.

Im Menschen, so erfahren wir, ist eine großartige Fähigkeit und entsprechend auch eine große Verpflichtung angelegt. Wir sind fähig, uns einem Bewußtsein und einer Dimension des Lebens zu öffnen, die all das überschreiten, was wir gewöhnlich als Glück, Wissen oder Sinn erfahren. Wenn dieses bewußte Leben in uns erwacht, beginnen wir, ganz für uns allein und in unserem tiefsten Wesen, den Sinn des menschlichen Lebens zu verstehen. Wir entdecken, so die Lehren, daß nur dieses bewußte Leben zu der Fähigkeit führt, klar zu denken und die Verbundenheit der Dinge untereinander zu erkennen. Wir entdecken, daß auch die Fähigkeit, auf selbstlose Weise zu lieben, aus diesem selben Bewußtsein fließt.

Diese Lehre über die Innenwelt bildet den Kern der Vorstellungen und Moralsyteme der Religionen der Welt. Heutzutage wird uns Religion allerdings zumeist auf eine Weise vermittelt, die uns nicht den geringsten Hinweis auf die Vorstellung einer inneren Welt gibt, geschweige denn auf die Notwendigkeit, in uns selbst den Zugang zu einer anderen und höheren Dimension des Bewußtseins zu entwickeln. Die meisten von uns kennen das Christentum oder irgendeine andere Religion hauptsächlich als Doktrin. Kaum jemals erfahren wir von den praktischen Schritten, die wir für ein der Lehre entsprechendes Leben unternehmen müssen und die uns helfen, die Wahrheit der Religion ebenso »experimentell« bestätigt zu finden wie die Weltsicht der modernen Wissenschaft.*

Die religiösen und spirituellen Lehren bestehen nicht nur aus bestimmten Vorstellungen über eine innere Welt, deren Bewußtseinskräften wir uns öffnen müssen, sondern auch auf einem ebenso bemerkenswert umfassenden Wissen über die Außenwelt, das den Entdeckungen der Wissenschaft keineswegs widerspricht. Unsere moderne Wissenschaft scheint heute eine Richtung einzuschlagen, die diese Einsichten in den kosmischen Plan bestätigt; sie enthüllt uns ein unvor-

* In der Regel werden uns keine Methoden zur Verfügung gestellt, mit denen wir die Mythensprache der alten Religionen in die Geisteswelt der Moderne übersetzen können. Auch dies eine Folge davon, daß wir Religion ohne einen Hinweis darauf kennenlernen, daß ihre Lehren oder Gedanken letzten Endes untrennbar mit einer praktischen Methode der Anleitung zur tatsächlichen Erfahrung der Weisheit durch das Individuum verbunden sind.

stellbar riesiges und unvorstellbar lebendiges, dynamisches Universum, das ohne Unterlaß Welten über Welten entstehen läßt mit einer Fruchtbarkeit und Vollständigkeit, vor denen all unsere Versuche der theoretischen Erklärung kapitulieren müssen.

Nach den alten Kosmologien enthält das Weltall wesentlich mehr Daseinsformen, als die moderne Wissenschaft selbst durch indirekte Rückschlüsse erkennen kann. Schichten von Gesetzmäßigkeiten und Wechselwirkungen umschließen uns wie ein großer Organismus seine Zellen und Gewebe »umschließt«; sie unterstützen oder hemmen uns auf eine Weise, die wir mit den Sinnen nicht erfassen können. Alle Kulturen sprechen in ihrer Mythologie von dieser »vertikalen« Struktur des Kosmos: die semitischen Religionen kennen Engel und Teufel, das alte Ägypten und Griechenland Götter, der Hinduismus Tausende und Abermillionen Gottheiten und Dämonen, der Buddhismus kosmische Schützer und Zerstörer, in den Lehren der amerikanischen Ureinwohner, Afrikaner und anderer Völker wird von den Kräften der Geister gesprochen. In der Sprache mancher Philosophen, wie Plato aus der griechischen Welt oder Maimonides aus dem mittelalterlichen Judentum, wird dieser vertikale Kosmos als ein Universum verschiedener Ebenen des Bewußtseins und des Willens beschrieben, ein Universum, in dem es viele Zwischenstufen zwischen Mensch und absolutem Gott gibt.

Sei die Sprache nun mythologisch, symbolisch oder philosophisch, der Grundgedanke bleibt gleich: die Menschheit ist in einen riesigen, lebendigen Kosmos eingebunden, dessen Dimensionen von Geist und Zweck unsere gewöhnliche Fähigkeit des Denkens und Wollens weit überschreiten. Darüber hinaus *spiegelt sich diese gesamte kosmische Ordnung in der menschlichen Psyche.* Die vertikale Struktur der inneren Welt ist so unermeßlich, wie die vertikale Struktur des Universums selbst. *Wir kennen uns selbst nicht.* Wir leben nicht nur, wie uns die moderne Wissenschaft sagt, in einer winzigen Ecke des materiellen Universums, wir leben auch nur in einer winzigen überaus verengten Ecke unseres eigenen inneren Universums. Die Lehren der großen Traditionen ergänzen die Ergebnisse der modernen Wissenschaft, sie zeigen uns die Menschheit als einen Schnittpunkt von zwei Unendlichkeiten – beide fordern uns auf, sie zu erforschen, und erst zusammengenommen verweisen sie uns auf den Platz, den die Menschheit im Plan der Dinge einnehmen sollte.

Wir sind dazu da, in zwei Unendlichkeiten zugleich zu leben – die eine führt uns zum Handeln in der Außenwelt, die andere fordert uns auf, uns der Innenwelt zu öffnen. Alle Lehren sind sich einig: Ob wir sinnvoll, weise und mitfühlend leben können, hängt ganz und gar davon ab, ob wir uns den höheren Bereichen der Innenwelt zu öffnen vermögen oder nicht.

Dieser Grundgedanke und damit verbundene Vorstellungen finden zur Zeit wieder Eingang in unsere Kultur, denn sie entsprechen nicht nur einem wachsenden Bedürfnis jüngerer Menschen, sondern dem von Männern und Frauen jeglichen Alters und jeglichen sozialen Status. Die Beschäftigung mit Lehren und Praktiken wie dem Buddhismus, der jüdischen und christlichen Mystik, dem Sufismus und Hinduismus sowie den spirituellen Traditionen Afrikas und der Ureinwohner Amerikas, um nur einige zu nennen, beschränkt sich nicht länger nur auf Randgruppen von Anhängern des sogenannten New Age. Viele verantwortungsvolle und etablierte Mitglieder unserer Gesellschaft aus der Geschäftswelt, Wissenschaft und Kunst begeben sich heute auf die Suche nach Transzendenz und innerer Entwicklung.

Wer sich aber heute von modernen Formen der universellen spirituellen Traditionen angezogen fühlt, lebt seinen Alltag in einer Welt, deren beherrschende Kräfte dem Prozeß des inneren Erwachens unversöhnlich gegenüberstehen. Mit jedem Jahr scheinen sich die Spannungen und Ängste des modernen Lebens zu verstärken. Die Verwirrung in Hinsicht auf Sinn und Zweck des Lebens wird immer größer, die Grundlagen des Familienlebens, einer sinnvollen Arbeit und sozialer Identität scheinen immer mehr gefährdet und zunehmend verstrickt in die Paranoia und Zwietracht einer schrillen und argwöhnischen Politik. Finanzielle Erwägungen bestimmen mit all ihrer Kompliziertheit und ihren unbewußten Egoismen, was einmal heilige, intime Inseln des menschlichen Daseins waren: Leben und Sterben, Kindererziehung und, natürlich, die Liebe. Mehr und mehr besteht das moderne Leben aus Konflikten und Kämpfen – bei der Arbeit, zu Hause und in den Tausenden von Vereinigungen und Gruppen unserer Gesellschaft und unserer Kultur. Moderne Technologie, der das Blut des Kommerzes und der Geschäftigkeit durch jede Faser und jeden Silikonchip strömt, bestimmt unseren Geist und unser Herz an allen Scheidewegen, so daß sich ihr Einfluß längst nicht mehr nur auf ihre allgegenwärtige materielle Präsenz beschränkt. Tatsächlich bestimmen die neuen Technologien unsere Lebensführung vielfach so weitgehend, wie es früher Philosophie und Religion taten. Häufiger als wir vielleicht merken, sind die Werkzeuge zum Herrn geworden und bestimmen, was wir in unserem Leben tun müssen und warum.

Alle großen spirituellen Traditionen kennen die Gegensätzlichkeit von Welt und Innenleben. Das Christentum spricht von der Welt des »Fleisches«, der Buddhismus vom »Rad des *Samsāra*«, die spirituellen Philosophien des alten Griechenlands vom Leben der »Massen«. Die Namen sind Legion, aber der Grundgedanke bleibt gleich: Generell steht die Ausrichtung der Zivilisation dem inneren Wachstum entgegen. Der allgemeine Verlauf des menschlichen Lebens ist bestimmt von materiellen Werten, spirituellen Illusionen, ständiger Geschäftigkeit; die Menschen werden auf die vielfältigsten Weisen dazu getrieben, sich mit den tierischen oder mechanischen Aspekten ihrer selbst zu identifizieren. Darüber hinaus wird der Mensch zu der unausgesprochenen Annahme verleitet, das eigene Glück und Wohlergehen oder das der eigenen Nächsten sei sein höchstes Gut. Diese Überzeugung ist zutiefst verwurzelt, nährt Haß, Unrecht, Gewalt und Krieg und wird häufig noch durch moralische oder religiöse Selbstgerechtigkeit verstärkt. Unter der Flut dieser Einwirkungen verliert die Menschheit den Sinn für ihre ureigene und grundlegende Verpflichtung. Diese besteht nach Ansicht aller spirituellen Lehren darin, sich in den Dienst der universellen Mächte Liebe und Bewußtheit zu stellen, der Grundlage unseres eigenen Selbst und des Universums. Für *diesen* Dienst ist der Mensch gemacht – für *diese* Liebe. Es ist durchaus keine unzulässige Vereinfachung, wenn wir sagen, daß für alle spirituellen Traditionen jegliches menschliche Elend daraus resultiert, daß wir diese eigentliche Verpflichtung ignorieren oder uns ihr widersetzen. Alles echte menschliche Glück und Wohlergehen hingegen, wie auch jede unverfälschte moralische Handlung, ist nur möglich, wenn wir uns sowohl den höheren Mächten in uns selbst öffnen, als auch denen über uns.

Jede Zeit aber, jede Zivilisation, besitzt ihre eigene, besondere Schattierung, so daß die Hindernisse für das innere Wachstum ebenfalls verschiedene Formen annehmen, wenn sie sich auch unter der Oberfläche sehr ähneln. Immer und überall sind die Hindernisse auf dem Weg des Suchenden subtiler als wir glauben. Die Gründungslegenden der spirituellen Traditionen schildern mit dem Leben von Jesus, Buddha, Baal Shem oder Mohammed einen Kampf heroischen Ausmaßes, der nicht nur guten Willen erfordert, sondern außergewöhnliche Intelligenz, Demut, Entschlußkraft und Mut. Und obwohl der innere Kampf weder auf eine Weise einfach ist, wie wir es manchmal erträumen, noch auf jene schwierig, wie wir befürchten könnten, ist er vor allem ein *Kampf*, ein Ringen mit uns selbst, mit bestimmten Aspekten unseres eigenen Geistes, Herzens und Körpers. Jeder, der sich diesem Kampf gestellt hat, weiß, daß es weit einfacher ist, über ihn zu sprechen, als sich in ihn hineinzubegeben. Seine tatsächliche Schwierigkeit kann allem Anschein nach nicht in Worte gefaßt oder irgendwie wirklich dargestellt werden. Sollte es eine verborgene Weisheit geben, so liegt sie in dem Vermögen, Menschen dabei zu helfen, die tatsächlichen, jeden Tag aufs neue auftretenden Schwierigkeiten dieser Auseinandersetzung zu verstehen und sich ihnen zu stellen.

Und das genau bringt uns zum Brennpunkt dieses Buches. Da sich immer mehr von uns zur Suche nach neuem Sinn für unser Leben hingezogen fühlen, allein oder gemeinsam mit anderen, entsteht natürlich die Frage: Können die Freuden und Anforderungen eines gemeinsamen Lebens und der Arbeit an der Liebe dieser Suche neue Impulse geben?* Kann die allen großen spirituellen Philosophien der Welt zugrunde liegende Einsicht in die menschliche Natur dabei helfen, die Liebe, die wir alle vom anderen benötigen und die wir alle dem anderen so dringend geben müssen, lebendig zu erhalten? Obwohl es viele Bücher über Liebe und Beziehungen gibt, versuchen nur wenige, sich nicht auf die Lehren der modernen Psychologie zu beziehen, sondern auf die ihnen zugrunde liegenden philosophischen Lehren der spirituellen Traditionen der Welt. Dieses Buch soll einen bescheidenen Beitrag in diese andere Richtung leisten.

Das Bild des alten Paares Baucis und Philemon ist Symbol nicht für das Alter an sich, sondern für eine reife, beständige Liebe. Sie sind es, die den Göttern die Tür öffnen. Jupiter ist der Herr der Himmel und Merkur der Bote der göttlichen Weisheit. Aber wer ist dieser andere Gott, der schon vor ihnen zu jedem von uns kommt? Der nicht sacht an die Tür klopft, sondern uns überall aufsucht, ganz gleich, wo wir sind, und der seine Pfeile mit unfehlbarer Zielsicherheit auf uns richtet? Und warum lächelt er so?

* Obwohl in diesem Buch überwiegend über die traditionelle Ehebeziehung zwischen Mann und Frau gesprochen wird, richtet es sich an jedes Paar, das zusammenlebt und bei dem jeder Partner am Wohl des anderen gelegen ist.

2.
Zwei Arten der Liebe

Wir meinen, mit der Liebe spielen zu können, aber wir irren uns. Die Liebe spielt mit uns. Sie ist weit mächtiger als wir, und wenn es zunächst so scheint, als könnten wir die Liebe an unser Leben anpassen, ist das nur ihre Art, uns zuzulächeln, während sie uns in ihren Bann zieht. Leichtfüßig, ekstatisch überqueren wir die Brücke, die die Liebe für uns auslegt. Und bald darauf kämpfen wir um unser Leben.

Was kann uns leiten, *nachdem* uns die Liebe in Brand gesetzt hat und wir wieder in das Universum der Zeit und des weltlichen Lebens zurückgekehrt sind? Der Gott der Liebe zeigt uns eine andere Welt. Doch ist das eine Welt, in der wir leben können?

Wir müssen zusammenleben: dahin treibt uns die Liebe. Die Brücke der Liebe führt seltsamerweise dahin zurück, woher wir kamen, in die Welt des Entstehens und wieder Vergehens, in die Welt der Tat, der Fürsorge und Verantwortung, die Welt der Gesundheit und Krankheit, der Familie und Arbeit, des Kummers, der Zweifel und Angst und der tausend kleinlichen Probleme und Zerstreuungen. Wir haben geliebt und müssen jetzt zusammenleben und uns dann eines Tages dem Tod stellen.

Dieses Buch handelt von der Bedeutung der *beständigen Liebe*. Welches gemeinsame Ziel fehlt in unserem üblichen Zusammenleben? Was haben wir denn, neben all dem, was über menschliche und göttliche Liebe gesagt und geschrieben wurde – in Filmen und im Fernsehen, in der Regenbogenpresse und der inspirierten Dichtung der Mystiker, von den Hilfsangeboten unserer Freunde, Therapeuten und Ratgeber, der Geistlichen und spirituellen Führer, bis hin zu den gelegentlichen, weisen Ratschlägen unserer Eltern und Großeltern aus einer Zeit und einer Welt, die sich von der unseren so sehr unterscheidet – was haben wir denn trotz all dieser Schriften und Lehren und Alltagsweisheit über ein gemeinsames Leben immer noch nicht gehört? Worin liegt der tiefere Sinn dieser ganzen Mühe, in Gegenwart der Liebe zusammenzuleben?

Dies ist eine dringliche Frage in unserer Zeit und unserer Kultur. Viele der früheren Gründe für das Zusammenleben der Menschen sind längst nicht mehr gültig. Die freie Entscheidung über die Reproduktion und die zunehmende wirtschaftliche Unabhängigkeit der Frauen sowie die soziale Akzeptanz alternativer Lebensstile sind an die Stelle der äußeren Bedingungen getreten, die Männer und Frauen in der Vergangenheit zusammenhielten. Heute, da diese Zwänge manchmal bis zur völligen Bedeutungslosigkeit geschwunden sind, müssen uns vor allem persönliche Entscheidungen zusammenhalten. Und da sich diese als viel unbeständiger erweisen, als wir im ersten Auflodern der Liebe vielleicht dachten, ist es kein Wunder, daß Scheidung im heutigen Leben eine derartig dominante Rolle spielt. Die Frage, wie wir über lange Zeit Liebende bleiben können, die enorme Unbeständigkeit dessen, was wir so blaß »Beziehungen« nennen, überschattet unser Leben immer mehr.

Wir müssen verstehen, was eigentlich sichtbar wird, wenn wir uns verlieben, damit wir, nachdem wir die Brücke der Liebe überschritten haben, den tatsächlichen Sinn unseres gemeinsamen Lebens finden können. In der Leidenschaft der großen Liebe verbirgt sich das »Geheimnis« unseres Daseins auf der Erde. Dieses Geheimnis kann und muß sich in unserem Zusammenleben offenbaren.

Die romantische Liebe gibt uns einen Vorgeschmack der Freiheit von Angst und Egoismus, den wir im Auf und Ab unseres gemeinsamen Lebens verstehen müssen. Erfassen wir die größere Bedeutung dieser Freiheit nicht, begreifen wir vielleicht niemals, was es bedeutet, in Liebe zusammenzuleben. Das heißt nicht, daß wir uns mit weniger Intensität zufrieden geben müssen, die ursprüngliche Leidenschaft wird im Gegenteil immer wieder zurückkehren. Meistens geschieht dies aber nur, wenn dieser stillere Nachhall, diese

29

verborgene Lehre, die uns die Liebe über uns selbst erteilt, gehört und befolgt wird.

Die sozialen und sexuellen Revolutionen des 20. Jahrhunderts haben deutlich gemacht, daß durch gelockerte Sitten und Ehegesetze letztendlich nur ein Leiden gegen ein anderes ausgetauscht wird. Wenn wir lieben, wen und wann wir wollen, und dann die Bindung brechen, sobald der Impuls dazu stark genug ist, müssen wir feststellen, daß dies unser Leben nicht glücklich macht. Genausowenig hat es Menschen natürlich glücklich gemacht strikt an den alten Regeln, den alten Bräuchen festzuhalten. Daher kann der Sinn eines liebevollen Zusammenlebens in keiner dieser beiden Richtungen liegen.

Nein, wir müssen die romantische Liebe aus einer ganz anderen Perspektive sehen. Wir müssen sie in ihrer sinnlichen Bedeutung sehen, fühlen und schmecken, aber auch in der, die die Sinne überschreitet. Dann müssen wir uns von ihrem Nachhall zu einem Blick auf die Bedeutung *beständiger Liebe* führen lassen.

Die These dieses Buches läßt sich ganz einfach formulieren, es wird hingegen nicht so einfach sein, ihre Auswirkungen herauszuarbeiten. Der entscheidende Punkt ist: Wir Menschen sind auf der Suche nach Sinn, auf der Suche nach uns selbst. Nur wenig von dem, was wir bereits sind und bereits haben, gibt uns tieferen Sinn oder tieferes Glück. Diese zu finden, sind wir jedoch geboren, nicht für Lust, es sei denn eine tief von

Sinn gesättigte Lust. Und wir sind ebenso für Leiden geboren. Nicht für das Leiden, das uns in den Wahnsinn treibt, sondern für jenes, das uns zur Freude führt: für den Kampf mit uns selbst und unseren Illusionen. Wir sind dafür geboren, uns selbst zu überwinden und durch diese Überwindung einen inneren Zustand großer Harmonie und größeren Seins zu finden. Wir sind *dafür* geboren – wir sind es *noch* nicht. Wir sind Suchende, und das ist die Essenz unseres gegenwärtigen Menschseins.

Und in der Liebe haben wir die Möglichkeit und die Notwendigkeit, uns *gegenseitig bei der Suche zu helfen*. Ist dies die verborgene Bedeutung der Glut der Liebe, ihr Widerhall, ihre Lehre? Ich glaube, ja. Im Bewußtsein dieses Widerhalls können wir der beständigen Liebe eine neue, praktische und hoffnungsvolle Bedeutung abgewinnen, einen Zweck, der nicht überholten Bräuchen oder unrealistischen Idealen entstammt, sondern unserer Sehnsucht sowohl nach dem anderen als auch nach etwas in uns selbst, das danach verlangt, in die Welt zu treten.

Die eine und die andere Liebe

Ich bin verliebt heißt auf englisch: I am *in love*. Die englische Sprache trifft es genau. Ich befinde mich *in* etwas. Und es trägt mich irgendwo hin.

Ich unterwerfe mich freudig einer Kraft, die außerhalb meiner selbst liegt. Tatsächlich aber unterwerfe ich mich auch bestimmten Seiten meiner selbst, meiner körperlichen Natur, die auch aus Bewußtsein und Gefühl besteht, einer Empfindung, die fühlt und weiß. Ich bin in der Liebe: Die Regeln der Gesellschaft, Namen und Grenzen schränken mich nicht länger ein. Es ist ein Vorgeschmack dessen, wofür wir gedacht sind. Die Natur nutzt unseren angeborenen Mystizismus, um uns mit der Menschheit zu vereinen, mit der Erde, mit allen Empfindungsmöglichkeiten des irdischen Daseins.

Aber was ist diese andere Sehnsucht, diese andere Liebe, die auch in mir erwachen kann? Vielleicht empfinde ich eine gewisse Süße in der Einsamkeit, eine gewisse bittersüße Freude im Kampf mit Schmerz und Schwierigkeiten. Vielleicht fühle ich mich zu bestimmten Ideen und Symbolen hingezogen, die sich auf eine andere Wirklichkeit oder ein anderes Wertsystem beziehen als das, welches mir die Gesellschaft bietet. Vielleicht wende ich mich aber auch von Idealen, Symbolen und Verpflichtungen aller Art ab. Doch selbst dann, selbst wenn ich die Welt der Pflichten und des metaphysischen Strebens verwerfe, selbst dann ruft mich etwas in mir selbst zum Kampf und zur Wahrheit und zu dem eigenartigen Geheimnis, nur ich selbst zu sein, der Samen des *Ich*, das Bewußtsein von *Ich*.

Die eine Liebe, die Verliebtheit, kennen wir alle

und nennen sie bei ihrem richtigen Namen. Der anderen Liebe einen Namen zu geben, hat keine Eile. Wir müssen nur anerkennen – ohne genaue Vorstellung, aber mit Überzeugung –, daß es im menschlichen Herzen zwei grundlegende Formen der Liebe gibt. Eine zieht uns zu großen Kräften der Erde, die andere fordert uns auf, im gesamten Dasein nach uns selbst zu suchen. In dem Augenblick, in dem wir diese beiden grundlegenden Impulse anerkennen, erahnen wir die große Aufgabe unseres Lebens: zunächst diese beiden Arten der Liebe in all ihrer Getrenntheit und selbst Gegensätzlichkeit zu erkennen, und dann an einem Weg zu arbeiten, der sie zusammenführt – so daß beide einander dienen.

Die Namen der Liebe

Wir unterteilen Liebe und ordnen sie ein: wir unterscheiden zwischen körperlicher Liebe und geistiger Liebe, zwischen erotischer Liebe und persönlicher Liebe, Mutterliebe, Vaterliebe, der Liebe zwischen Freunden. Aber in Wirklichkeit wird dadurch nichts deutlicher. Wenn wir verliebt sind, sind wir einem Wirbelsturm von Kräften ausgesetzt und können nur noch versuchen, nicht davongetragen zu werden.

Psychiater reden, Therapeuten reden, Philosophen reden, Schriftsteller reden, Frauen reden,

Männer reden, Filme und Zeitschriften reden, Sänger und Musiker reden. Jeder redet über die Liebe, und dabei sind unsere Worte nur schwache Versuche, mit einer überwältigenden Kraft fertigzuwerden, die wir ebensowenig beherrschen können wie Wind, Blitz und das Meer.

Könnte es sein, daß *alle* Gefühle, die uns im Leben umherwirbeln, Bruchstücke der Liebe sind? Könnte es sein, daß jegliches Gefühl Liebe ist? Daß jede Emotion Liebe ist oder von ihr abgeleitet?

Aber sollte echte Liebe nicht freundlich, mitfühlend, weise und sanft sein? Gewiß liegen Welten zwischen solch einer mitfühlenden Liebe und den Stürmen der Ekstase und Qual, die wir in unserer Verliebtheit durchleben? Schön und gut, ist aber nicht dieses Ideal der weisen und selbstlosen Liebe genau nur das – ein Ideal, das auf der Ahnung einer ganz anderen, zwischen Menschen möglichen Kraft beruht?

Wir reden zuviel über die Liebe – vielleicht weil wir immer nur mit einer Hälfte der Liebe leben, ganz gleich, wie wir sie zerbrechen und einteilen. Wir leben größtenteils mit der Hälfte, die nach unserer eigenen Befriedigung strebt, nach psychologischer Sicherheit oder der Zeugung von Kindern. Genau diese Hälfte der Liebe macht unser Leben letzten Endes sinnlos – *weil sie nur halb ist* und nur die Hälfte des menschlichen Selbst einbezieht. Die Liebe hat auch eine andere Hälfte. Im Wesen des Menschen gibt es eine andere

Hälfte und ebenso in allen engen menschlichen Beziehungen.

Diese andere Hälfte ist die Liebe, die dem anderen bei der Suche nach der Wahrheit hilft.

Sprich soviel über die Liebe, wie du möchtest, lies darüber, erforsche sie therapeutisch, theologisch, philosophisch. Schwatze über sie, versuche sie zu erklären. Verbringe soviel Zeit du willst damit, die Liebe mit Worten zu bändigen und ihre Widersprüche abzuschwächen. Bedenke nur: Was fehlt denn wirklich in unserer Erfahrung der Liebe? Wenn wir in unserem tiefsten Wesen, im Herzen unseres Seins dafür gedacht sind, nach der Wahrheit zu suchen; wenn wir, wie die Weisheitslehren behaupten, unvollständig geboren wurden, innerlich unvollständig, und nur durch einen inneren Kampf vollständig werden können – dann müssen wir uns einfach fragen, wie wir uns gegenseitig in diesem Kampf unterstützen können.

Was soll denn die Liebe zwischen Menschen sein, wenn sie nicht auf dieser Frage beruht?

Vermittelnde Liebe

Wir haben manchmal den Verdacht, daß das, was wir normalerweise Liebe nennen, nicht wirklich Liebe ist. Wir haben den Verdacht, daß Verlangen vor allem egoistisch ist, wir nach Genuß nur für uns selbst streben, nicht für den anderen. Und die Lust, die wir dem anderen bereiten wollen – führt sie nicht in Wirklichkeit zu unserem eigenen Verlangen und unseren eigenen Wünschen zurück?

Tatsächlich erleben wir Liebe als eine *Mischung* von Egoismus und Fürsorge für den anderen. Unter manchen Umständen bricht vielleicht die Aufmerksamkeit für den anderen ein und weicht irgendeiner Form von Selbstsucht. Das heißt weder, daß wir uns nicht um den anderen sorgen noch daß diese Sorge immer und ausschließlich eine Täuschung ist, eine Form der Heuchelei. Sie kann all das sein, ist es aber nicht notwendigerweise.

Wenn ich meinen eigenen Vorteil dem deinen vorziehe, sobald es hart auf hart geht, bedeutet das nur, daß meine Sorge um dich schwächer ist als meine Selbstbezogenheit. Wenn sie schwach ist, bedeutet das aber nicht, daß sie eingebildet ist oder falsch oder sekundär. So wird es fälschlicherweise von den Reduktionisten dargestellt, den Psychologen und Philosophen, die versuchen, alle menschlichen Gefühle auf Biologie zu reduzieren.

Natürlich ist es ebenso falsch, wenn wir uns weismachen, unsere Sorge um den anderen sei stärker als unsere Selbstsucht, als unsere verwickelten körperlichen Bedürfnisse. Dieser Irrtum ist uns aber bewußt. Wir wissen heute, daß wir keine kleinen Heiligen sind, und so ist dies nicht das schwerwiegendste Problem eines von der psychoanalytischen Theorie so sehr beeinflußten Zeitalters.

Wir müssen uns von dieser »entweder – oder«
Gesinnung befreien. Unsere Liebe ist weder heilig noch ausschließlich selbstsüchtig. Sie ist beides. Aber die eine Seite ist viel stärker als die andere.

Um es noch einmal zu sagen: Die Tatsache, daß
etwas schwach ist, bedeutet nicht, daß es eigentlich nicht existiert. Ein schwacher Impuls der
Fürsorge ist kein unwirklicher Impuls. Er ist nur
ein schwacher tatsächlicher Impuls.

Tatsache ist, daß unsere edlere Seite, unser
»Geist«, fast immer schwach ist.

Die Fähigkeit zur selbstlosen Liebe ist ein
Aspekt der göttlichen Natur des Menschen – und
diese göttliche Natur ist machtlos in unserem gegenwärtigen Leben. Letzteres zu erkennen und zu
akzeptieren, ist der erste Schritt dahin, vollständig menschlich zu werden. Diese Wahrheit anzunehmen heißt jedoch nicht, sich damit abzufin-
den, daß die Situation so bleiben muß. Die höhere
Natur *kann* aktiver, stärker werden. Soll es aber
dazu kommen, können wir nicht umhin, unsere
Schwäche genau als das zu sehen, was sie ist,
ohne Scheuklappen, Zynismus oder irgendeine
andere Form der Selbsttäuschung. Und dieser
Versuch ist auf verschiedene Weise außerordentlich schwierig.

Es gibt Bruchstücke von Lehren, mystischen,
östlichen, westlichen, »esoterischen« Lehren, die
behaupten, es sei leicht, uns selbst anzunehmen,
aufmerksamer Zeuge unserer Emotionen, unseres

Lebens zu sein. Diese Vorstellung, uns in einem wirklich transformativen Sinne selbst anzunehmen sei »leicht«, ist, um das mindeste zu sagen, irreführend. Es ist schwierig, fordernd, subtil; wir können es nicht allein bewerkstelligen. Wir brauchen Hilfe.

Können zwei Menschen, die als Mann und Frau zusammenleben und durch Zuneigung verbunden sind, durch körperliche oder emotionale Anziehungskraft, gemeinsame Interessen oder sexuelle Leidenschaft – können sich diese beiden Menschen in jenem Kampf unterstützen? Können sich zwei Menschen gegenseitig darin unterstützen, sich selbst als ein Wesen mit zwei Seiten zu erkennen, das den Samen einer geheimnisvollen möglichen Einheit enthält?

Ich denke, zwei Menschen können einander auf diese Weise helfen. Sie helfen sich durch die Liebe.

Aber es ist eine Liebe, die in der Literatur über Liebe nie erwähnt oder beschrieben wird, weder im psychologischen Geschwätz unserer Kultur, noch in den Schriften und Dokumenten der spirituellen Lehren der Welt, so wie wir sie verstehen.

Diese Liebe ist weder die der Erde noch die des Himmels.

Sie ist weder göttlich noch »tierisch«.

Sie ist die Liebe dazwischen, die *vermittelnde Liebe*. Eine Liebe, die wir mehr als alles andere benötigen. Ohne sie werden alle anderen Arten der Liebe entweder tyrannisch oder phantastisch, sie raffen unser Leben mit zerstörerischen Begierden, Ängsten oder Ansprüchen dahin.

Das gebrochene Herz

Kaum beginnen wir, andere Menschen kennenzulernen, da entdecken wir auch schon ihr gebrochenes Herz. Ihren Schmerz angesichts der Liebe. Oder ihre Angst, ihre Getrenntheit von der Liebe. Oder ihr Abgestorbensein, den traurigen Frieden, mit dem sie sich in ihrem Liebesleben abgefunden haben. Den bürgerlichen Kompromiß oder das angespannte und zerbrechliche »Glück«, an dem mit aller Selbsttäuschung festgehalten wird, die die Persönlichkeit nur aufbringen kann.

Gleichzeitig spricht das gebrochene Herz für einen Zustand der Seele, nach dem wir uns mit ganzem Wesen sehnen – und dieser Zustand entspricht nicht unbedingt dem, was die Persönlichkeit behauptet. Wenn wir verliebt sind oder wenn wir leidenschaftlich oder tief lieben, wenn wir in der Liebe glücklich sind – oder selbst, wenn wir nur von der Liebe träumen, uns die Liebe vorstellen –, träumen wir nicht nur von einer Phantasie, sondern von einer Wirklichkeit. Eine Wirklichkeit, die uns von der gewöhnlichen Zeit und dem gewöhnlichen Raum befreit. Wenn wir verliebt sind, rühren wir an Augenblicke reiner Gegenwart – manche nennen sie Ewigkeit. In der Liebe kosten wir einen Zustand der Freiheit, der Befreiung von allem, was uns im Leben anstrengt und entnervt; Freiheit von Spannungen, Ängsten, Stimmungen, Paranoia, unnötigen Gefühlen aller Art; Freiheit von Intrigen und Verschlagenheit, von Manipulation oder Ausbeutung des anderen.

Natürlich wird sie mit anderen Impulsen vermischt, und natürlich zerbricht sie fast immer früher oder später, verwandelt sich dabei häufig in Haß und manchmal sogar Gewalt. Oder sie wird einfach lau oder gewöhnlich, bürgerlich, »konventionell« oder was auch immer – die Leidenschaft verblaßt auf Tausende von verschiedenen Arten. Und natürlich ist sie häufig mit absurden, pubertären oder neurotischen Elementen der Persönlichkeit vermischt. Sie ist häufig »kindisch«. Sie ist häufig albern. Sie erhöht uns, und gleichzeitig hebt sie unsere Unterschiede auf – bedeutende Männer und Frauen, bedächtig, weise und schwer von ernsthaften Gedanken und Verantwortung: auch sie verlieben sich und werden töricht. Nationen fallen, Kriege zerstören das Leben von Millionen, die Geschichte ändert sich wegen der Liebe.

Und ein so großer Teil der Gewohnheiten des menschlichen Lebens kristallisiert sich um den Schmerz über das Ende der Leidenschaft herum. Ein so großer Teil des Lebens der Menschheit, der

Geschehnisse, die die menschliche Geschichte bestimmen, ist nichts anderes als Narben über dem Herzen.

Was dem Schmerz der Leidenschaft zugrunde liegt

Der Schweizer Schriftsteller Denis de Rougemont stellt in seinem Meisterwerk *Liebe in der westlichen Welt* die Leidenschaft der romantischen Liebe als einen Verfall des mittelalterlichen Ideals der höfischen Liebe dar, welche genaugenommen als spirituelle Liebe gedacht war, als Sehnsucht nach dem Wachstum der Seele. Wie ist dies zu verstehen? Vielleicht vibriert in der unerklärlichen Leidenschaft der Liebe die Schwingung einer höheren Ebene des menschlichen Bewußtseins, die sich mit den Impulsen des Körpers vermischt sowie mit den von der Gesellschaft konditionierten Emotionen, den tierischen Instinkten und den Ängsten und Begierden des Egos. Vielleicht ist in dem, was wir unter sexueller Liebe verstehen, eine Spur des Strebens nach dem Einen, der wichtigsten Triebkraft der Entwicklung des Universums. Vielleicht ist das, was wir als Sexualität erfahren, in seiner intensivsten Form bereits das »Brennen« einer höheren Energie.

Und vielleicht stimmt es, daß die romantische Liebe einen Verfall des mystischen Ideals der

Troubadoure darstellt – der Liebe der Seele, die durch die Frau symbolisiert wird. Vielleicht. Aber möglicherweise ist das mystische Ideal der Troubadoure selbst zum Teil nur deswegen aufgekommen, weil die herkömmlichen Doktrinen und Praktiken des Christentums zum Ende des 11. Jahrhunderts viel von ihrem eigentlich weiblichen Element verloren hatten. Sowohl das Ideal der romantischen Liebe als auch die Blüte der Marienverehrung sind vielleicht auch deswegen entstanden, weil die Kirche in Europa zu »muskulös« und urteilend geworden war, zu sehr von ihrer Fähigkeit zu »tun« bestimmt und viel zu wenig in der Lage, den Strom der Gnade zu leiten.

Von außen betrachtet bedeutet Gnade die Vergebung der Sünden, innerlich bedeutet es auch die weibliche Fähigkeit in jedem Menschen, die heilenden Kräfte von oben zuzulassen und zu empfangen. In diesem Fall kann die Einführung des Ideals der romantischen Liebe historisch als ein Versuch angesehen werden – vielleicht einseitig und zu schnell mit fremden Elementen vermischt –, zur menschlichen Fähigkeit des Empfangens zurückzukehren, des Zulassens, Sich-Öffnens.

Die Marienverehrung war vielleicht nicht nur dafür nötig, daß der Gedanke der Vergebung in den Geist Europas einkehren konnte, sondern auch damit der Leib der Menschheit ein Gefühl für die Bewegung nach innen erhielt und nicht nur nach außen zur Sättigung hin. An der Wurzel der romantischen Liebe scheint nicht nur im Geist, sondern auch im Körper die Ahnung einer inneren, wesentlichen Transformation der menschlichen Natur auf.

Zugegeben, diese feinere Empfindung vermischt sich nur allzu leicht mit Angst und Ego und Phantasie. Und diese Verzerrung mag uns dazu verleiten, romantische Liebe nur als menschliche Schwäche zu sehen. Aber hüte dich davor, die verzerrte Wahrnehmung mit dem wirklichen Gegenstand gleichzusetzen. Dies nährt Zynismus, und Zynismus ist nur eine weitere Narbe über dem menschlichen Herzen.

Wer sind wir beide, du und ich?

Gibt uns all das irgendeinen Hinweis darauf, was passiert, wenn unsere persönliche Leidenschaft füreinander schwächer wird? Oder darauf, was wir dann tun können, wie wir einander verstehen können, wenn es dazu kommt – was unvermeidlich ist, manchmal nur für kurze, manchmal für längere Zeit und manchmal für immer?

Was trägt eine Beziehung durch diese Zeiten? Viele Dinge: Vertrauen, Freundschaft, die Eigendynamik des Alltags, Sicherheitsüberlegungen, Kinder, Bequemlichkeit. Oder gemeinsame Leidenschaften. Die Reife des Alters und Zuneigung.

Oder rein negative Faktoren wie Angst vor dem Alleinsein, Angst vor Schuldgefühlen oder andere krankhafte Antriebe. Oder vielleicht einfach die Tatsache, einander ein Versprechen gegeben zu haben.

Und woran können wir erkennen, wann tatsächlich die Zeit gekommen ist, die Bindung zu brechen, und was wirklich für diesen Schritt nötig ist? Woran erkennen wir, wann die Veränderung, die wir suchen, eine notwendige neue Bewegung in unser Leben bringt und wann sie nur ein unwiderstehlicher, aber impulsiver und letztendlich immer der gleiche Schritt zurück ist?

Mit reinen Ideen und Idealen kommen wir hier nicht weiter, vor allem in der heutigen Zeit, in der die alten Vorstellungen, die noch das Leben unserer Vorfahren beherrschten, ihre Autorität über unser Leben verlieren. Vor langer Zeit waren diese Werte einmal stark. Jetzt scheint von ihrer Kraft nicht mehr viel geblieben zu sein, vor allem, wenn es um die Liebe geht. Das Versprechen zu halten oder zu brechen, an einer Beziehung festzuhalten oder einen Schnitt zu machen – keine der Alternativen erscheint von vornherein auf lange Sicht besser. Sieh dich um. Wer ist – über lange Zeit – in seiner Beziehung, in seiner Liebe glücklich? Fast überall gebrochene Herzen.

Wir brauchen neue Götter in unserem Leben und in unserer Liebe. Oder vielleicht neue Namen für die alten.

Was können wir über die Leidenschaft, den Impuls, die Gewohnheit oder Angst hinaus im anderen achten? Was könnte heute die Bedeutung ferner Ideale wie »ein Fleisch«, »geistige Vereinigung« oder »heiliger Bund« sein, die das theoretische Fundament der Ehetraditionen bilden?

Und wenn die Ehe oder Liebe zwischen Mann und Frau zu einem »heiligen Bund« wird, was ist daran heilig für Menschen wie *wir* es sind, in einer Zeit wie dieser, in der sich die Götter für die meisten von uns zurückgezogen haben?

Wenn es nicht nur Leidenschaft mit ihrem deutlichen Auf und Ab ist, wenn es kein »heiliges«, nicht zu verwirklichendes Ideal ist, auf welche Weise können wir dann füreinander sorgen – über unsere normalen, gegenseitigen menschlichen Bemühungen um unser körperliches und geistiges Wohlergehen hinaus?

Die Antwort kann nur heißen: *Wir müssen einander als Suchende sehen.* Dies ist die vermittelnde Liebe. Wir können nicht wirklich behaupten, »ein Fleisch« zu sein – unsere individualistische Kultur trägt diese Vision, als *Tatsache*, in der *Praxis*, nicht länger. Wir können nicht einmal mehr behaupten, irgendeine Erfahrung davon zu haben.

Aber wir können etwas von der Suche des anderen erahnen. Wir können um das Ringen des anderen nach innerer Freiheit wissen, um die Offenheit für das in uns, was größer ist als wir selbst und von dem wir alle abgeschnitten sind durch

Illusionen sowie unsere Ängste und Begierden, die uns vollkommen in Anspruch nehmen.

Tatsächlich werden wir entdecken – wenn wir genau hinsehen –, daß wir, wenn wir den anderen mit sich selbst ringen sehen, wenn wir ihn um innere Präsenz und Freiheit kämpfen sehen und diesen Kampf wirklich spüren, *einfach lieben müssen!* Diese Liebe ist nicht die der Leidenschaften oder des Ego, der familiären Wärme, der gemeinsamen Geschichte oder selbst das Geheimnis eines kurzen Moments verschmolzener Identität. Diese Liebe ist eine bisher unbekannte, oder vielmehr namenlose Fähigkeit, die in der Macht jedes Menschen steht. Es ist die Liebe zum inneren Kampf des Menschen mit sich selbst.

Es ist nicht die Liebe zur Tugend, es ist die Liebe zum Kampf um die Tugend.

Es ist nicht die Liebe zur Stärke, es ist die Liebe zum Kampf gegen die Schwäche.

Es ist nicht Liebe zum Geist des anderen, oder zu seiner Seele. Es ist die Liebe zu dem, was sich im anderen nach Geist und Seele sehnt und darum kämpft, so verschwommen unser Verständnis dieser Dinge auch ist.

Diese Liebe ist nicht etwas, was wir »tun«. Sie wird uns gegeben – von oben und von etwas in uns selbst.

Es geht hier darum, daß zwei Welten, zwei Arten der Liebe, die sehr weit auseinander zu liegen scheinen, sich einander annähern können. Auf der einen Seite steht die Kraft der Liebe, die wir alle kennen, und auf der anderen die Liebe, von der die spirituellen Lehren der Welt sprechen. Zwei Arten der Liebe: eine erhaben und scheinbar außerhalb unserer Reichweite, die andere überwältigend machtvoll und abwechselnd ekstatisch, ängstlich, fröhlich und quälend. Können wir so zusammenleben, daß eine Öffnung für die Berührung zwischen den beiden Welten, den beiden Lieben, den beiden Lebensweisen in uns entsteht? Ist dies vielleicht die Bedeutung der Geschichte von Baucis und Philemon – ein Schlüssel für das Rätsel am Ende der Geschichte?

Die beiden Liebenden werden in zwei unsterbliche Bäume verwandelt: sie sind nicht länger Individuen im vertrauten Sinne, sondern universelle Kräfte, die sich auf ewig vermischen. Sie verkörpern jetzt etwas, das von einer anderen Kraft getragen wird, und die ist nicht geringer, sondern größer als das, was wir normalerweise als bewußtes Selbst erkennen.

Vielleicht ist dies nur ein Ausschnitt einer längeren Geschichte, deren Herkunft wir nicht kennen und von der in Ovids Erzählung nur Andeutungen bleiben. Aber ganz gleich, woher die längere Geschichte stammt, wo die ewig gültige Weisheit der Welt überliefert wurde, sie handelt eindeutig davon, daß wir geschaffen wurden, um in uns zwei Welten zusammenzubringen. Wir müssen in unserem bewußten Leben das verkörpern, was das Neue Testament *eirênê* nennt, die Brücke, die jene gegensätzlichen Bewegungen innerhalb der menschlichen Natur verbindet, »den Frieden, der alles Verstehen übersteigt«. Immer und überall wird das, was die grundlegenden Kräfte zur Harmonie bringt, was alle Wesen zur Einheit führt, vor allem *Liebe* genannt.

Wie sieht die Arbeit der Liebe für den anderen aus, die unsere Suche nach Einheit in uns selbst unterstützen kann? Was können wir uns realistischerweise gegenseitig geben, das uns hilft, zu *empfangen* – von Gott, wie es in der Religion heißt, von der »Wirklichkeit« der Philosophie oder dem »Selbst« der Weisheitslehren?

Dieses Buch soll die Frage eröffnen, in welchem Verhältnis dies zu den tatsächlichen Schwierigkeiten steht, denen wir bei unseren Bemühungen um die Liebe alle gegenüberstehen – Probleme der Kommunikation, des Vertrauens und des Zeitdrucks, sowie den Anforderungen der verstörenden, sich dramatisch verändernden Welt, in der wir alle nach dem anderen und uns selbst suchen müssen.

3.
Kommunikation – Gerede oder Gespräch?

Sind wir verliebt, »in der Liebe«, ist Kommunikation kein Problem. Wenn wir sprechen, verstehen wir, hören wir. Wenn wir still sind, verstehen und hören wir ebenfalls. Verständigung ergibt sich von ganz allein, es gibt überhaupt keine Schwierigkeiten.

Das ist das größte Wunder am Verliebtsein. Plötzlich werde ich gehört und bin überrascht. Und, genauso überraschend, ich bin in der Lage und willens, dich zu hören, dir zuzuhören. Es ist sogar eine große Freude, die eigenen Gedanken beiseite zu lassen und mich dem Zuhören hinzugeben. Nenne es, wenn du möchtest, den mangelnden Wirklichkeitssinn der Verliebtheit. Doch wenn wir die Dinge so sehen wollen, bringen wir uns um etwas ganz Wesentliches. Sind wir verliebt, dann befinden wir uns in einem Teil von uns selbst, der nichts mit dem Rest unseres Wesens gemein hat; wir sind in einem Teil, der sich nicht fürchtet und sich keine Sorgen macht, einem Teil, der sich zu Hause fühlt.

In der Liebe nähern wir uns einer großen Idee über die Beschaffenheit des menschlichen Wesens, wir erhalten einen Geschmack der Wirklichkeit einer großen Wahrheit. Wir kosten, was es heißt, daß Geben den Kern des menschlichen Wesens bildet. Ein Mensch ist seinem Wesen nach dafür geschaffen, zu geben – Aufmerksamkeit zu geben und Interesse, achtsam mit jeder Kleinigkeit umzugehen und sich um das Wohlergehen eines anderen zu kümmern. Diese Impulse sind Teil unseres grundlegenden Wesens, sie sind uns angeboren. Sie gehören zur Struktur jedes Menschen.

Die westliche Welt ist dahin gekommen, den Menschen als ein vor allem selbstsüchtiges Tier mit einem komplizierten Gehirn anzusehen. Und es trifft ja auch zu, daß die meisten ungeschönten Zeugnisse des menschlichen Verhaltens diese Ansicht zu rechtfertigen scheinen. Aber die Weisheitslehren behaupten etwas anderes: für sie gehören unsere bösartigen Handlungen zu etwas, das wie eine dicke Kruste unser echtes inneres Wesen bedeckt und mit ihm verschmilzt – wie der Mantel des Nessus, der den großen Herkules schließlich vernichtet.*

---

* Nachdem er von Herkules tödlich verletzt wurde, sagt der sterbende Zentaur Nessus zu dessen eifersüchtiger Frau Deianira, sie solle sein Blut als einen Zauber verwenden, damit sich Herkules nicht in eine andere Frau verlieben könne. Deianira tränkt ein Gewand mit dem Blut und schickt es Herkules zum Geschenk. Der Mantel verschmilzt mit Herkules Körper und läßt sich nicht mehr entfernen. Herkules erleidet solch unerträglichen, brennenden Schmerz, daß er, um der Folter ein Ende zu machen, den Tod im Feuer sucht.

Diese Kruste erstickt unsere Lebendigkeit und verhindert das Wachstum unseres inneren Wesens. Denn, so lehren die Weisheitstraditionen ebenfalls, dieses fürsorgliche, aufmerksame innere Wesen ist wie ein noch nicht geborenes Bewußtsein. Es ist da, wartet darauf, genährt zu werden, wartet darauf, geboren zu werden und zu wachsen. Aber unsere Lebensweise, die Gewohnheiten unserer Gesellschaft, unsere Erziehung, die Gedanken und Gefühle, die uns umgeben und formen, und die Art, in der wir in unserem Körper ohne eine Beziehung zu unserer inneren Empfindsamkeit leben – all dies erstickt das innere Selbst, und wir gehen durchs Leben, als hätte es nie existiert. Diese Kruste zu durchbrechen ist schwierig – so schwierig, daß die Ansicht der Zyniker, wir seien wenig mehr als verwöhnte Tiere, vernünftig und realistisch erscheint und die Vorstellung einer inneren Göttlichkeit des Menschen wie eine religiöse oder sentimentale Phantasie.

Verlieben wir uns, so gehört dies zu jenen Lebenserfahrungen, die die Kruste unseres konditionierten Selbst durchbrechen. Auch andere Erfahrungen können dies bewirken – große Erschütterungen und Enttäuschungen, plötzliche Gefahr, die direkte Begegnung mit dem Tod oder die tiefe Empfindung des Staunens. Doch wenn wir uns verlieben, wird deutlich – meist mehr, als durch die anderen Erfahrungen –, daß sich unter der Kruste ein Bewußtsein befindet, das sich einem anderen Menschen bis zu einem gewissen

Punkt öffnen möchte und dazu auch in der Lage ist.

Natürlich beeilen sich viele andere Teile unseres Selbst, diese Öffnung sofort wieder zu verschließen. Wir alle kennen das, und es ist nicht nötig, noch einmal in Einzelheiten darauf einzugehen. Wir wissen, daß zur Verliebtheit fast immer auch egoistische Impulse gehören, die dank unserer Konditionierung selbst wieder mit mächtigen biologischen Trieben verbunden sind, sozialen Zwängen und vor allem unserer fast durchgehend verkrüppelten Sexualität. Wir wissen, daß Verliebtheit häufig zu Neurosen in einer sehr umfassenden und tragischen Bedeutung dieses Wortes führt.

Aber wenn wir für unsere Erinnerung oder auch im Moment des Geschehens sehr feinfühlig sind, können wir erkennen, daß Verliebtheit etwas in uns für einen Augenblick zuläßt – manchmal nur kurz, manchmal über lange Zeit, so daß es uns zur Schwelle großer Glückseligkeit führen kann –, das von der Kruste sozialer Konditionierung, die das Dasein eines jeden von uns unterdrückt, frei ist, vollkommen frei. Was ist dieses »Etwas«? Und welchen Stellenwert könnte es in den langwierigen Bemühungen zweier erwachsener Menschen haben, die zusammenleben und an der Liebe arbeiten?

Zuhören und die Illusion des Selbstausdrucks

Ich glaube, die Antwort auf diese Frage liegt in
der Entdeckung, daß in unserem Zusammensein
Zuhören und Lieben ein und dieselbe Aufgabe
sind. Vergiß die Namen, vergiß, was wir normalerweise mit den Wörtern »zuhören« und »lieben«
verbinden. Laß alle Erinnerungen aus der Schule
oder Kindheit über »hören« beiseite, alle romantischen Bilder über »eins werden« und alle sexuellen Assoziationen. Wir müssen mit dem Hören
experimentieren, als wüßten wir nichts darüber.
Behalte nur das im Kopf, was du vielleicht entdecken wirst – etwas Erstaunliches: die Kraft und
die Fähigkeit und *selbst der Wille* zur Kommunikation, zum Selbstausdruck, *entstehen unmittelbar aus dem Zuhören.*

In der modernen Kultur bereitet uns nichts auf
diese Entdeckung vor, und wenn wir auf sie
stoßen, ist es daher schwierig, an sie zu glauben
oder sie anzunehmen: Die Fähigkeit zur Rede entsteht mühelos, wenn wir bewußt auf Sprechen
verzichten. Oder, um es anders auszudrücken,
Zuhören bringt mehr Freude mit sich als unser
übliches Sprechen. Dafür gibt es viele Gründe. Einer ist, daß ich beim Zuhören – wenn ich dem Impuls nicht folge, die Aufmerksamkeit auf mich
selbst zu lenken – mit einer Qualität der Zuwendung in mir in Kontakt komme, nach der sich
mein eigenes Wesen sehnt. Es ist ein neuer Vorgang in mir selbst, einer, den unsere Kultur ver-

nachlässigt und vergessen hat. Der Verzicht auf den sogenannten »Selbstausdruck« kann etwas sehr Flüchtiges sein, manchmal hält er nur einen Augenblick an und ist von außen sicherlich nicht einmal wahrnehmbar. Es ist ein innerer, persönlicher Schritt.

Jeder, der es ausprobiert, stellt bald fest, wie schwierig es ist – schwierig, aber höchst interessant, weil voll von Selbsterkenntnis. Man entdeckt, daß man die meiste Zeit vor allem den eigenen Gedanken zuhört. Es erfordert eine gewisse innere Wahl, den Worten und der Ausdrucksweise einer anderen Person länger als nur ein paar Sekunden wirklich zu folgen. Versucht man es, wird man schnell merken, daß bewußtes Zuhören auch zu einem neuen Hören auf sich selbst führt. Weit davon entfernt, den Fluß der Kommunikation zwischen zwei Menschen zu behindern, ermöglicht dies tatsächlich den Anfang einer neuen Qualität des Austauschs.

Was enthalten unsere Wörter?

Hier ist die Neuigkeit: die moderne Psychologie, sowohl die populäre als auch die der Spezialisten, hat uns nichts über die verschiedenen Energien zu sagen, die Wörter in sich tragen können. Natürlich müssen wir miteinander reden, und wir müssen einander helfen, ehrlich zu sein. Natürlich müssen wir versuchen zu verstehen, was der andere sagen möchte, und es gibt viele nützliche Methoden, die Männern und Frauen bei der »Interpretation« der Sprache des anderen helfen können. Aber eine zu starke Betonung des Inhalts der Kommunikation hält uns davon ab, das außergewöhnliche Spektrum »elektrischer« Ströme zu entdecken, das Worte enthalten können. Und es ist nicht nur eine Frage der »Stimmung« des Sprechers, seines emotionalen Tonfalls, seiner Körpersprache oder der Modulation seiner Sprache. Über diese Faktoren der Kommunikation wissen wir, theoretisch, weitgehend Bescheid. Was in der Verständigung zweier sich liebender Menschen geschieht, geht aber viel weiter und viel tiefer als dies. *Gesprochene Sprache kann Träger einer einzigartigen Art von Aufmerksamkeit sein.* Diese Aufmerksamkeit ist eine speziell menschliche Eigenschaft, die nicht imitiert werden kann. Sie läßt sich nicht von einer Maschine nachbilden. Sie ist ein wesentlicher Teil des Mysteriums der Sprache und damit des Mysteriums, ein Mensch zu sein. Und sie wird vom anderen wahrgenommen. Vielleicht geschieht das nicht bewußt, aber nach den Weisheitslehren gibt es in jedem Menschen Anlagen zur Wahrnehmung eben dieser auf uns gerichteten Zuwendung.

Wir kennen das riesige Spektrum bewußter oder unbewußter, menschlicher und übermenschlicher Kräfte einfach nicht, für deren Empfang und Wahrnehmung unser Organismus ausgestattet wurde. Die Kruste unsers konditionierten Ich kann so dick sein, daß nichts Derartiges mehr eindringen kann oder wir uns dieser Wahrnehmung nicht bewußt werden. Sie kann uns auch daran hindern zu erkennen, wie unser eigener Organismus auf die Kommunikation einer anderen Person reagiert.

Selbstverständlich ist das Vermögen, mit Worten sehr subtile Facetten menschlicher Zuwendung zu vermitteln, den Dichtern seit Jahrhunderten bewußt. Und gewiß ist Schreiben eine Form der Sprache. Aber es ist nicht dasselbe, wie tatsächlich zu einem anderen Menschen zu sprechen. Man kann mit aller in der Welt nur möglichen Sensibilität und inneren Entsagung schreiben und dennoch mit einem anderen Menschen wie ein egoistischer Dummkopf sprechen.

Bewußtes Sprechen

Es gibt natürlich noch eine andere, für echte Kommunikation wesentliche Art des Verzichts, und das ist der Verzicht auf Stille. Aber die Stille, die hier gemeint ist, sollte man besser »nichts sagen« nennen oder einfach unterdrücktes Sprechen. Die Stille des Zuhörens ist das Gegenteil des unterdrückten Sprechens, und an diesem Punkt hat die populäre Psychologie sehr viel zu bieten. Sie zeigt uns immer wieder, wie so viele scheinbar unlösbare Probleme des Lebens genau genommen darin bestehen, daß Menschen nicht wagen, miteinander zu sprechen und schon vor dem Versuch zurückschrecken.

Offensichtlich sind hier massive Kräfte am Werk, die Blindheit für das hervorrufen, was wirklich zwischen Menschen nötig ist. Und offensichtlich wirken diese Kräfte ständig auf uns ein und müssen wieder und wieder bekämpft werden. Aber es kommt einer Offenbarung gleich zu entdecken, wie sich persönliche Hindernisse auflösen, wenn man versucht, mit einem anderen Menschen zu sprechen.

Bewußte Rede kostet den Sprecher fast immer etwas, sie wurzelt in einer Art inneren Opfers, inneren Verzichts. Sie ist *nicht* jenes Sprechen, das man richtiger *Gerede* nennt und womit wir soviel unserer Lebenszeit verschwenden. Unsere Sprache ist reich an Bezeichnungen für die eine oder andere Form unwillkürlichen Sprechens – quasseln, schnattern, schwatzen, plappern, quatschen und viele mehr. Aber eine *Unterhaltung* als Gegensatz zu einem bewußt geführten *Gespräch* kann durchaus mehr als »müßiges Geschwätz« sein. Eine Unterhaltung kann sehr emotional sein oder eine große Menge Wissen und Gedanken vermitteln. Gespräch wird sie jedoch nur, wenn sie bewußt ist, und sie ist nur bewußt, wenn wir gegen den unbewußten Impuls kämpfen, unser Ich zu verbergen, auf dem unser Leben und unser Selbstbild so sehr beruhen.

Dennoch bedeutet bewußtes Reden nicht einfach »reden, wie einem der Schnabel gewachsen ist«; das weicht der Hinwendung zum anderen ebenfalls aus und ist häufig nicht viel mehr als ein Ausdruck von Wunschdenken, eine Niederlage der Besinnung auf sich selbst.

Alle Formen der bloßen »Unterhaltung« haben eine gewisse Tendenz, einen bestimmten inneren »Geschmack«, sie schlagen einen bestimmten Grundton an. Mit einer begrifflichen Definition allein lassen sie sich nicht erfassen oder einordnen. Es wäre sehr falsch, all diese Unterhaltungen abzuwerten. Der größte Teil des menschlichen Lebens wird durch Unterhaltungen bestimmt, und viele kostbare, auf jeden Fall aber einzigartig menschliche Begebenheiten äußern sich in diesem Medium. Dennoch geht unleugbar auch ein großer Teil der häßlichen und erschreckenden Aspekte des menschlichen Lebens darauf zurück, daß die Menschen unwillkürliches Gerede nicht wirklich erkennen können und Sprache fälschlich nur anhand des offensichtlichen Inhalts bewerten, ohne den Strom der Aufmerksamkeit zu berücksichtigen, den sie mit sich führt.

Bewußtes Sprechen hat eine unmißverständliche Eigenart oder Qualität und wird vor allem zwischen Menschen, die versuchen zu lieben, fast augenblicklich wahrgenommen.

Einfach gesagt: Es gibt nichts, rein gar nichts auf der Welt, das einen Menschen ersetzen könnte, der einem anderen bewußt zuhört oder bewußt mit

ihm spricht. Wenn man sich bewußt einem anderen Menschen widmet, kann dies – wenn man einmal den Geschmack und die Bedeutung dieser
Handlung entdeckt hat – zum Schwerpunkt der
Arbeit an der Liebe werden. Das ist sehr schwierig;
in unserer Welt wird es kaum gefördert, die meisten wissen nicht einmal davon.

Es ist gut und schön, von der Liebe als Sorge
für den anderen zu hören oder Bücher darüber zu
lesen. Aber jegliche Form der Liebe wird zur Enttäuschung, wenn es dieser Sorge an bewußter
Hinwendung fehlt. Natürlich gibt es diese Eigenschaft der Beziehung zu einem anderen Menschen in vielen Abstufungen – vom gewöhnlichen, kurzen, seltenen, momentanen Aufblitzen
bis zur fast legendären Kraft der Liebe in den Taten der großen Lehrer und Heiler der Menschheit.

Jeder muß es selbst herausfinden: Liebe, der es
an dieser Grundlage fehlt, endet früher oder später in Enttäuschung. Aber jeder muß auch für
sich herausfinden, wie selbst eine kleine Menge
davon, auch nur eine Spur, unseren Kampf, zu
lieben, zu großem Leben erwecken kann und das
Ringen des anderen um Sinn ebenso. Die Liebe,
von der die großen religiösen Lehren sprechen,
beruht auf dieser Eigenschaft. Wenn Gott ge-
heimnisvoll als »Liebe« definiert wird,* dann soll
uns das mit Sicherheit sagen, daß die höchsten

* »Der nicht geliebt hat, kennt Gott nicht, denn Gott ist Liebe.«
(I Johannes 4:8).

59

Kräfte im Universum jene Eigenschaft der Liebe in ihrer reinen und beständigsten Form enthalten, das heißt, als Liebe, die auf bewußter Entsagung beruht. Wirft diese Idee nicht auch ein ganz neues Licht auf die Geschichte von Christus, eine Geschichte, in der viele der großen Lehren der Welt anklingen, in denen sich Gottheiten oder höhere Wesen um des Heils der Menschheit willen opfern?

Kehren wir zu unserem eigenen Leben zurück: Es ist sehr hilfreich, das schlichte aber nicht so einfache Experiment zu wagen, mit den Schwierigkeiten des Lebens als Frage der Kommunikation umzugehen. Das Geschäftsleben zum Beispiel zeigt sehr schnell, wie fast alle Probleme dadurch gelöst oder zumindest wesentlich verringert werden können, daß man an der Art und Weise arbeitet, wie Menschen miteinander kommunizieren. Und wir wissen sehr gut, daß Kommunikation im Bereich der Medizin ein Problem von großer Tragweite ist – vor allem die zwischen Arzt und Patient. Es ist uns schmerzhaft bewußt, daß dies auch für die Beziehung zwischen Eltern und Kindern gilt, das ist schon zum Klischee geworden. Hat man einmal begonnen, die Liebe in diesem Licht zu sehen, ist man tatsächlich vom Ausmaß, nicht so sehr der Schwierigkeiten der Kommunikation, sondern ihrer Kraft zur Heilung vieler Leiden des Lebens erstaunt. Dieser Punkt ist so wichtig, daß man fast beschämt sein könnte, es bisher nicht wirklich bemerkt zu haben. Wir werden zu dem Schluß kommen, daß Kommunikation nicht nur ein *Mittel* für die Liebe ist, sondern, in einem bestimmten Sinn, Liebe selbst.

Es scheint vielleicht, als sei dies heute allgemein bekannt. Spricht nicht jeder über Kommunikation? Ja und nein. Jeder redet über Kommunikation, aber wie viele von uns sprechen bewußt miteinander?

4.

Warum streiten wir?

Können wir damit beginnen, einfach anzuerkennen, daß Streit ein unvermeidlicher Aspekt des menschlichen Zusammenlebens ist? Er wird nicht eines Tages einfach verschwinden; er wird sich nicht durch psychologische Einsichten oder philosophische Erkenntnisse auflösen. Streit wird es immer geben.

Emotionen gehören zur menschlichen Natur. Fast jeder Mensch, den wir kennen oder von dem wir gehört haben, einschließlich all jener überragenden historischen Gestalten und moralischen Helden und Heldinnen der Vergangenheit: Sie stritten mit ihren Partnern. Zweifelsohne zeigen auch sie sich manchmal kleinlich, gehässig, eingeschnappt, außer sich vor Wut oder theatralisch in Selbstmitleid versunken.

Es ist also ein nahezu universelles Phänomen. Dies müssen wir zunächst anerkennen. Gleichzeitig müssen wir aber sehen, daß unsere Haltung gegenüber diesen Gefühlen von den Weisheitslehren der Vergangenheit keineswegs geteilt wird. In der modernen Psychologie und Psychotherapie werden sie hingegen sehr ernst genommen; viele

Therapieformen unterstützen vor allem in ihrer populären Form unsere übliche Einstellung zu Emotionen wie Reizbarkeit, Kränkung und Wut. Und wie sieht diese Einstellung aus?

Wir sind in gewisser Weise von ihnen angezogen, fasziniert. Irgend etwas hat uns davon überzeugt, den Emotionen einen großen Teil unserer Aufmerksamkeit zu widmen und sie so ernst zu nehmen, als seien sie, und nur sie allein, die wichtigste Quelle unseres Glücks oder Unglücks. Sie haben eine enorme Bedeutung in unserem Leben angenommen. Aber wir suchen vergebens nach einer großen Lehre in irgendeiner Kultur oder Tradition, die sie ebenso wichtig nimmt.

Was machen wir mit dem Ego?

Streben wir inneres Wachstum an, dann müssen wir uns offensichtlich der Frage stellen, was wir mit den Gefühlen des Ego machen sollen. Und die Antwort aller großen Lehren besagt, daß in uns etwas existiert, das frei von diesen Emotionen sein kann. Der Geist ist fähig, von ihnen Abstand zu nehmen, das Bewußtsein kann unabhängig von egoistischen Gefühlen existieren.

Wie man sich dieser Fähigkeit nähern und sie entwickeln kann, das sehen die verschiedenen Traditionen ganz unterschiedlich, wie schon ihre Terminologie zur Beschreibung der Emotionen

63

zeigt. Die frühen christlichen Asketen in der Wüste Ägyptens sprachen von Dämonen oder »Sünden«: Stolz, Wut, Lust, Geiz, Gier, Neid, Faulheit. Diese »sieben Todsünden« wurden psychologisch als Gefühlsmuster verstanden, welche die Fähigkeit der menschlichen Psyche zur Freiheit unnötig einschränken oder zerstören. Buddhisten und Hindus bezeichnen diese Gefühle häufig kollektiv als »das Ego«, und die Tibeter symbolisieren in ihrem machtvollen Bild vom »Rad des sinnlosen Lebens« (Rad des *Samsāra*) die Quelle innerlicher Sklaverei als Hahn, Schlange und Schwein – der erste steht für überwältigende, selbstbestätigende Begierde, die zweite für Haß und Wut und das dritte für das Versinken im »Schlamm« der Unwissenheit und Unwahrheit. In neuerer Zeit führten die Lehren von Gurdjieff die Bezeichnung »negative Emotionen« für diese Gefühle ein, die in unserem Leben eine solch destruktive Rolle spielen.

Nicht das Streben, diese Emotionen zu zerstören, bildet jedoch den Kern der spirituellen Traditionen, sondern der Rat, ihre Existenz im Licht unseres freien Gewahrseins zuzulassen. Hierzu gehört eine lange und schwierige Übung, eine Kunst, bewußt mit unseren Emotionen in Verbindung zu stehen, ohne sie entweder zu unterdrücken oder in ihrem Ausdruck zu schwelgen. Hinter dieser Übung steht unter anderem die Theorie, daß Gewahrsein oder reines Sehen jene Kraft leiten kann, die die menschliche Psyche schließlich vom Schmerz und der Unordnung egoistischer Emotionen befreit.

Ganz gleich, ob wir uns einer solchen Übung unterziehen wollen oder nicht, ob wir selbst das höchste Ziel der spirituellen Tradition erreichen wollen oder nicht – der erste Schritt auf diesen Wegen ist es wert, von jedem sehr ernst genommen zu werden, der nach einem Sinn jenseits der Ebene rein physischer oder sozialer Befriedigung sucht. Der erste Schritt bedeutet, eine in unserer Gesellschaft ungewöhnliche Haltung gegenüber den Emotionen zu entwickeln – nämlich davon auszugehen, daß sie nicht »wir selbst« sind, daß sie Vorgänge sind, die nicht die Autorität in unserem Leben besitzen müssen, die wir ihnen üblicherweise zugestehen.

Die bedeutendste Fähigkeit des Geistes

Die stoischen Philosophen des alten Roms, sowohl der phrygische Sklave Epiktet als auch Kaiser Marc Aurel, sprachen von dieser geistigen Haltung gegenüber unserem Gefühlsleben. Was uns ihrer Ansicht nach als Menschen definiert, ist die Fähigkeit unseres Geistes, bewußt und gezielt mit den Eindrücken und Erfahrungen umzugehen, die uns im Leben begegnen.

Die Lehren der Stoiker wurden oft dahingehend mißverstanden, daß sie eine Art Gleichgültigkeit oder Kälte befürworteten. Aber eine sorgfältigere Untersuchung ihrer Lehren zeigt, daß es hier um eine grundlegende Fähigkeit des Geistes geht, sich von der Verwirrung und der Unordnung egoistischer Gefühle zu trennen, von denen unser Leben umgetrieben wird und die in unseren Beziehungen zu anderen so störend sind.

Tatsächlich lehren die Stoiker bei genauer Betrachtung, daß wir der wahren Kraft unseres Geistes durch die Trennung von diesen Gefühlen sogar näher kommen können. Wir beginnen nicht nur klar zu sehen, sondern wirklich zu lieben, wirklich Sorge zu tragen, und in gewisser Weise sogar, wirklich zu hassen – wir »hassen«, was wirklich schlecht ist, und nicht nur das, was unseren subjektiven Wünschen entgegensteht oder was unsere subjektiven Ängste hervorruft.

Mit den Gedanken beginnen

Was hat dies für eine praktische Bedeutung? Zunächst können wir damit beginnen, eine gewisse Ausrichtung der Gedanken in jenen Zeiten zu üben, in denen unsere Gefühle nicht so aufgewühlt sind. Wie sind jene gewöhnlichen und verwirrenden Zwischenfälle zwischen Männern und Frauen, die versuchen, einander zu lieben, zu verstehen?

Wir denken kaum jemals auf diese Weise über

das Phänomen des Streits nach. Wir bedenken fast nie, wie wichtig unsere Vorstellungen über das Wesen unseres Geistes in unserem Alltag sind. Von der gängigen modernen Psychologie haben wir gelernt, daß unser Glück und unser Wohlbefinden vor allem auf unseren Gefühlen beruhen. Vielleicht haben wir aber auch von spirituellen Lehren gehört, die behaupten, wir seien göttlich im Geist und fähig zu reiner Liebe. Aber keine dieser Ansichten hilft, wenn tatsächlich negative Emotionen auftreten. Ich habe viele mürrische Buddhisten, nachtragende Yogis und beleidigte christliche Mystiker gesehen.

Fast jeder streitet und fast jeder wird durch diesen Streit beunruhigt. Aber zwei Menschen, die versuchen, liebevoll zusammenzuleben, können sich gegenseitig mit ihrem gemeinsamen Verständnis der Natur dieser Gefühle helfen – dem Verständnis sowohl ihrer überwältigenden Kraft, wenn sie aktiv sind, als auch ihrer gänzlich *zweitrangigen Wirklichkeit* in dem sich entwickelnden menschlichen Wesen, in dem Mann oder der Frau, der oder die das innere Leben kultiviert.

Die Götter legten dann, wie es nur richtig war, in unsere Hände die eine Segnung, welche die beste und der Meister von allen ist, dieses und nichts anderes, nämlich die Fähigkeit, angemessen mit unseren Eindrücken umzugehen. Alles andere legten sie uns nicht in die Hände. Wollten sie

67

etwa nicht? Für meinen Teil denke ich, daß sie uns auch mit diesen anderen Kräften ausgestattet hätten, wenn sie es nur gekonnt hätten; aber sie waren dazu nicht in der Lage ...

Aber was sagt Zeus? Epiktet, wenn es möglich wäre, hätte ich deinen Körper und deinen Besitz (diese Belanglosigkeiten, die du so wertschätzt) frei und unbehindert gemacht. Aber so wie die Dinge liegen – vergiß das nie –, ist dieser Körper nicht dein, er ist nur eine geschickte Mischung aus Ton. Da ich ihn nun nicht frei machen konnte, gab ich dir einen Anteil unserer Göttlichkeit, den Impuls zu handeln und nicht zu handeln, den Willen zu erhalten und den Willen zu vermeiden, in einem Wort, die Gabe, einen Eindruck zum richtigen Nutzen zu wenden. Wenn du das beachtest und deine Angelegenheiten danach regelst, wirst du völlig unbehindert sein; du wirst nicht stöhnen, du wirst niemanden beschuldigen, du wirst niemandem schmeicheln. Was also? Deucht dich dies alles gering?*

Die Weisheitslehren berichten also von einer besonderen Fähigkeit in uns, von der Möglichkeit eines Lebens, das nicht jedem leisesten Wink der Emotionen gehorchen muß. Es ist ein Leben des

* Übersetzt nach *The Stoic and Epicurean Philosophers: The Complete Extant Writings of Epicurus, Epictetus, Lucretius, Marcus Aurelius*, herausgegeben und mit einem Vorwort versehen von Whitney J. Oates, New York (Random House) 1940.

Geistes und eines intensiven, aber nicht aufgewühlten Gefühls. Das ist unser Potential – und, so sagen die Weisheitslehren, ein menschliches Dasein kann ohne die Entwicklung dieses Potentials nicht erfüllt sein. Alles, was sonst noch für Glück gehalten wird, ist im besten Fall von Spannungen eingezäunt, oder es beruht auf Selbsttäuschung, die unweigerlich irgendwann zerplatzt wie ein Luftballon. Dieses falsche Glück wird von den alten Lehren manchmal »Lust« genannt. »Lust«, so heißt es, kann uns Glück nur in dem Maße bringen, in dem sie frei ist von Angst und Illusionen darüber, wer und was wir sind und was unsere Zukunft sein wird und worin das Wohlergehen des anderen besteht.

Das Glück, für das ein Mann oder eine Frau, ein Mensch, geschaffen, eingerichtet ist, entsteht aus der Entwicklung einer weit tieferen Kraft des Geistes und des Gefühls, als uns die unwillkürlichen Abläufe unserer Emotionen bieten.

Gleichwohl sind diese Emotionen, wenn sie auftreten, überwältigend mächtig.

Es ist wichtig, genauer über das Wesen und die Funktion dieser Gefühle nachzudenken. Dies geschieht am besten in der Zeit *zwischen den Momenten des Gefühlsaufruhrs.* Die Frage ist nur – so seltsam es klingen mag: *Wie denkt man an Streit, während man nicht streitet?* Und wie können wir – vielleicht in aller Stille, durch unser Tun und unsere allgemeine Haltung – das Ringen des anderen um eine Einstellung zu den Emotionen unterstützen, die ihrer wirklichen Natur und ihrem Stellenwert im Leben von Menschen, die nach sich selbst suchen, besser entspricht?

Wir sind Menschen

Stillschweigend – oder vielleicht auch manchmal mit Worten, aber nicht zu vielen – verstehen wir beide, du und ich, daß wir, vor allem anderen, Menschen sind, die nach sich selbst suchen. Wir sind Menschen: dieses kosmisch einzigartige Wesen, dessen Essenz die ganze Natur und ihren Gott enthält. Wir sind so geschaffen, daß in uns sehr feine, sehr subtile und kreative Elemente fließen, der Strom, der Welten aufrechterhält.

Wir sind aber auch geschaffen, all die Kräfte und Triebe der Tiere und der irdischen Materie zu enthalten. Die Weisheitslehren sagen, wir seien Gott und Tier, Himmel und Erde in einem, und zur gleichen Zeit, und durch die gleichzeitige Existenz dieser beiden Ebenen in uns, solle etwas Göttliches in die Welt der Menschheit und des Planeten eintreten. Das ist, kosmisch gesehen, unsere Bedeutung als Menschen.

Und wir sind auch in einem anderen Sinne zwei – einem damit verwandtem Sinn, der aber dieser kosmischen Struktur nicht genau entspricht. Wir sehnen uns einerseits danach, unser wahres Schicksal zu verwirklichen, und gleichzeitig tragen wir eine massive und überwältigende Mißachtung dieser Sehnsucht und dessen, wonach sie strebt, in uns. In uns ist ein Funken göttlichen Hungers und gleichzeitig eine Hölle von Ängsten und Spannungen, die sich »Bedürfnisse« nennen, die aber oft nicht anders sind als unsere normalen körperlichen und sozialen Wünsche, vermischt mit unbewußtem Schrecken – die Buddhisten nennen es »Begierde«, die Christen nannten es einst »Leidenschaft«. Es drängt uns zugleich zur Ausweitung nach oben, hin zum Licht, zu einem Zusammenziehen nach unten; in die Dunkelheit. Wir sehnen uns nach unserem höheren Selbst und sehnen uns nicht danach. Und in unserem Gefühlsleben fallen wir meist auf die Seite der Unwissenheit und stellen uns der Selbsterkenntnis entgegen.

Wir sind Menschen. Bevor wir Mann oder Frau sind, sind wir Menschen. Bevor wir reich oder arm sind, Vater oder Mutter, sind wir Menschen. Bevor wir erschrocken, töricht oder vergeßlich, fein, grob oder überhaupt etwas sind, sind wir Menschen. Wir sind Menschen mit dem menschlichen Potential und einer menschlichen Bestimmung: Bevor wir sterben, können wir zu einem neuen Wesen werden. Wir, du und ich, wünschen uns dies und wollen es nicht. Wir sind Menschen.

Gedanken wie diese, aber mit weit größerer Genauigkeit und Vollständigkeit formuliert, schöner und kraftvoller, stehen in den Schriften der großen Philosophen, Dichter und spirituellen

Lehrer der Vergangenheit und Gegenwart. Diese Wahrheiten sehen wir in den Bildnissen echter Kunst und spüren sie direkt in bestimmten Musikstücken. Aber solche Gedanken und die Vorstellung, auf die sie verweisen, dürfen wir nicht nur in Augenblicken ruhigen Nachdenkens hegen als ein Mittel, uns von der Wirklichkeit des täglichen Lebens zu entfernen. Sie können auch zu Bewußtsein gebracht werden, wenn es keinen Impuls dafür gibt, wenn die Probleme des Zusammenlebens an uns zerren, wenn wir durch uns selbst und durch den anderen verstört sind – *zwischen den Augenblicken, in denen wir sehr aufgewühlt sind.*

Solche Gedanken sind mehr als Trost und erreichen mehr, als uns nur in eine »spirituellere« Stimmung zu bringen. Sie können unserem Geist und unserem Körper mitteilen, daß sozusagen »jemand anderes« in unserem Haus wohnt, »jemand« Wichtiges. Das heißt, es gibt die Möglichkeit eines anderen Ziels für mein Leben und für dein Leben. Die Arbeit der Liebe besteht in diesem Fall darin, sich daran zu erinnern, daß du sowohl einen Wunsch als auch einen Widerstand hast.

Unsere Arbeit besteht darin, daß wir uns angesichts des anderen daran erinnern – nicht nur, daß wir Vater oder Mutter unserer Kinder sind und eine gemeinsame Vergangenheit haben und wunderbare Augenblicke zusammen hatten und so weiter. Das ist natürlich alles wichtig. Aber hier sprechen wir von einer anderen Erinnerung, von einer, die du in der populären Psychologie unserer Zeit nicht beschrieben finden wirst, von einer metaphysischen Erinnerung daran, wer wir sind und was wir sein möchten und was uns schon fast gesetzmäßig im Wege steht.

Läßt sich unser Zusammenleben dadurch verbessern, daß wir ganz bewußt solche Gedanken hegen? Nun, wer hat das schon ausprobiert?

5.
Worauf können wir vertrauen?

Es ist möglich, die Krise der modernen Welt als eine Vertrauenskrise zu sehen. Stellen wir uns die Frage, auf was unsere Kultur als Ganzes vertraut, erhalten wir keine rühmliche Antwort. Vielfach spiegelt sich diese Krise in einem Gefühl, das wir mit einem von dem Soziologen Anthony Giddens geprägten Begriff »ontologische Unsicherheit« nennen könnten. In der Tiefe unseres Herzens vertrauen wir der Welt, dem Leben oder dem, was Wirklichkeit genannt wird, nicht. Zunehmend vertrauen wir auch anderen Menschen nicht mehr wirklich, selbst denen nicht, die uns nahe sind. In ihren tiefsten Gefühlen vertrauen viele selbst ihren Eltern nicht. Vielleicht war das in mancher Beziehung schon immer so.

Die Weisheitstraditionen sagen, daß wir letztendlich auf nichts anderes vertrauen können als auf Gott – nicht Gott als die Projektion unserer Ängste und Träume nach außen, sondern als die tatsächliche Wirklichkeit jenseits von uns und in uns. Sie haben schon immer gelehrt, daß alles andere vergänglich und nur bis zu einem bestimmten Punkt vertrauenswürdig ist. Dies ist auch die

grundlegende Botschaft des jüdischen Mono-
theismus: Vertraue nur auf das Höchste, auf Gott.
Das ist leicht gesagt, aber was bedeutet es wirklich in der Praxis? Tatsache ist, daß die meisten
von uns nicht tief und sicher auf etwas jenseits
von uns oder aber im anderen vertrauen. Vieles,
was als Vertrauen gilt, ist zerbrechlich und hält
der Prüfung nicht stand.

Aber wenn wir uns verlieben, haben wir häufig, wenn auch nur kurz, das wunderbare Gefühl,
nach Hause zu kommen. Zu Hause ist, wo wir unsere Vorsicht fallen lassen können. Hier sind wir
endlich sicher.

Sind wir es wirklich? Was ist das für eine
Angst, die für so viele von uns mit der Liebe einhergeht? Wonach verlangen wir, wenn wir uns
ängstlich wieder und wieder versichern wollen,
daß wir im Herzen des anderen an erster Stelle
stehen? Verlangt hier etwas danach, verstanden
zu werden – nicht als neurotisches Symptom,
sondern im Licht dessen, was uns die Weisheitslehren über die Beschaffenheit des Menschen sagen?

Die Weisheitslehren sagen uns, daß wir von
einem gewöhnlichen Mann oder einer gewöhnlichen Frau nicht erwarten können, was nur
Eigenschaft eines innerlich entwickelten Menschen sein kann. Wir irren, wenn wir erwarten,
der andere sei unerschütterlich oder in einer
Weise ganz, wie wir es selbst – und das wissen
wir in unseren ehrlichen Momenten – niemals

sein werden. Wir scheinen vom anderen zu erwarten, was wir selbst nicht geben können. Daher
bringen selbst die allerersten Schritte ehrlicher
Selbsterkenntnis automatisch einen gewissen
Grad der Toleranz anderen gegenüber mit sich. In
den Augenblicken, in denen wir ehrlich sehen,
wie wir selbst sind, ist es uns möglich, von einem
anderen nicht mehr zu verlangen, was er nicht
geben kann.*

Wenn wir uns selbst ehrlich betrachten, können wir beobachten, daß menschliche Bestän-
digkeit – Vertrauenswürdigkeit – nur sehr selten
aus innerer Willensfreiheit und dauerhafter
Selbstbeherrschung entsteht. Der Wahrheit entspricht viel eher die Feststellung, daß wir Regeln
gehorchen, die uns seit der Kindheit von außen
auferlegt oder als »Moral« eingeimpft wurden.
Die Moralsysteme, mit denen wir aufgewachsen
sind und die die Grundlage unserer Gesell-
schaftsordnung bilden, kann man daher eigentlich als »Skripte« für das Verhalten höher ent-

---

* *Jede wirkliche Selbsterkenntnis trägt Liebe und Mitgefühl in
sich.* Der Grund hierfür ist, so heißt es in den Weisheitslehren,
daß das menschliche Selbst von Natur aus in Beziehungen
eingebunden, von Natur aus fürsorglich und offen dem Leben
gegenüber ist. Dies gilt für den Buddhismus und den Hinduismus, aber auch für das Christentum eines Meister Eckhart und
das Judentum der Kabbala und der chassidischen Rabbis.
Diese Sichtweise der menschlichen Natur widerspricht der
heutzutage akzeptierten Ansicht, nach der, von der freud-
schen Psychoanalyse bis zu den letzten Theorien der Evolu-
tionspsychologie, der Mensch von Natur aus egoistisch ist.

wickelter Menschen ansehen – oder anders ausgedrückt, als Spuren der Erfahrung, die uns von stärker innerlich entwickelten Menschen hinterlassen wurden. Daher verdient diese Moral zu Recht unsere Achtung, aber es wäre töricht anzunehmen, daß unsere eigene Psyche, unser Innenleben, diesen Moralsystemen entspräche. Wir mögen zu Recht verlangen, daß ein anderer Mensch seine Versprechen in dem Maße einhält, wie wir selbst es tun. Aber wir geben uns gefährlichen Träumen hin, wenn wir meinen, der andere sei so etwas wie ein Heiliger.

Unser individuelles und kollektives Leben beweist, daß wir unsere innere Bereitschaft zu moralischem Verhalten überschätzt haben. Nicht nur müssen wir zusehen, wie jede Nation und jedes Volk auf unerträglich unmoralische Weise handelt; wir erkennen dies auch in unserem eigenen Leben. Daher besteht eine der wichtigsten Aufgaben bei der Suche nach uns selbst darin, uns aufrichtig der wirklichen Natur unserer Moral bewußt zu werden und uns von den Illusionen über uns selbst zu befreien. Solche Illusionen treten als Begleiterscheinung sowohl von moralischem Eifer als auch der zynischen Leugnung jeglichen moralischen Anspruchs auf.

Aber all dies trifft noch nicht den Kern dessen, was wir wirklich ersehnen, wenn wir so nervös danach verlangen, mehr Vertrauen in den Menschen haben zu können, den wir lieben. Wir haben die Frage noch nicht beantwortet: Was ist das für eine Angst, die so häufig mit dem Zustand der Verliebtheit einhergeht und auch im Zusammenleben ein Problem bleibt? Welche Furcht verursacht solch heftiges Mißtrauen und leidenschaftliche Eifersucht?

Was wollen wir wirklich voneinander?

Offen gesagt verlangen wir oft von anderen, daß sie von ihren Gefühlen für uns verzehrt werden. Nur wenn der andere von uns besessen ist, fühlen wir uns sicher. Bleiben die offensichtlichen Zeichen der Besessenheit aus, sind wir sofort beunruhigt.

Dies gilt nicht nur für Beziehungen zwischen Männern und Frauen, sondern fast überall in unserem Leben. Angst und Besessenheit sind für uns ein Zeichen der Fürsorge; unsere Welt verlangt oft eine Art Fanatismus als Beweis für unsere Hingabe. Wie oft sehen wir uns daher genötigt, Gefühle vorzutäuschen – nicht nur in Beziehungen, sondern auch bei der Arbeit und in vielen Situationen des Gemeinschaftslebens. Die Gesellschaft bestärkt uns darin, süchtig zu sein oder uns zumindest so zu verhalten. Und solange wir keine andere, echte Vision dessen haben, was Fürsorge wirklich bedeutet und einfach mitspielen, *werden* wir oft süchtig. Unsere Welt begünstigt diese Art von Wahnsinn.

Wenn ein anderer Mensch zur Gelassenheit
fähig ist, haben wir zwiespältige Gefühle. Einerseits sind wir verstört, wenn jemand, den wir lieben oder mit dem wir zusammenarbeiten, nicht
von seinen oder ihren Gefühlen für uns oder unsere Angelegenheiten zerrissen wird. Anderer-
seits berührt uns die Kraft großer Männer und
Frauen, auch noch in Situationen, in denen die
meisten Menschen in Panik geraten oder mit
Übereifer reagieren würden, innere Sammlung
auszustrahlen. Und gewiß möchten wir, daß unsere Führer in jeder Notlage einen kühlen Kopf
behalten.

Liebe und Aufregung

Tatsächlich sind in der Geschichte durchgehend
diejenigen Männer und Frauen große Vorbilder
für die Fähigkeit zur Liebe, die sich anderen wirklich hingeben und zugleich losgelöst sein können.
Die Darstellungen von Christus und der alttesta-
mentarischen Propheten offenbaren Leidenschaft
nur gegen Kräfte, die sich der Wahrheit in den
Weg stellen – ob nun Jesus empört die Geldwechsler aus dem Tempel jagt oder Isaias die
Bündnisse des Königs Ahaz mit den Assyrern ver-
urteilt.

Und es kann kein Zweifel an der leidenschaftlichen Hingabe von Gautama Buddha bestehen
oder an der seiner Schüler, die die Überlieferung

der Lehren fortsetzten; sie gaben ihr ganzes Herz und ihre ganze Kraft, um anderen zu innerer Freiheit zu verhelfen.

Mohammed und die Lehrer des Sufismus lebten ein leidenschaftliches Leben rückhaltlosen Einsatzes für das Wohl der Menschheit. Dennoch gibt es nirgends auch nur das geringste Beispiel dafür, daß diese Menschen den Kopf verloren, hitzig handelten oder angesichts drohender Krisen und Niederlagen in Panik gerieten. Wie konnte zum Beispiel Sokrates so ruhig mit seinen geliebten Schülern reden, wenn er doch gleich darauf den tödlichen Schierling schlucken mußte? Warum wischt er ihre persönlichen Ängste und Gefühle so kurz und bündig beiseite?

Der Dichter und Sufi-Meister Rūmī liebt, wie wir sehen werden, mit so viel Qual und Verlangen, wie jeder andere unglücklich Liebende in Geschichte oder Mythos, aber nie ist seine Liebe persönlich, nie gilt sie nur seinem eigenen, subjektiven Wohlbefinden – seine Liebe ist immer eine geheimnisvolle Verschmelzung leidenschaftlicher Selbstvergessenheit und tiefer, nüchterner Selbstbesinnung. In der gleichen Sufi-Tradition tadelte im 10. Jahrhundert der Lehrer al-Junayd den berühmtem al-Hallāj, der für seine extremen Äußerungen mystischer Wahrheit den Märtyrertod starb, sogar dafür, daß er nicht nüchtern geblieben war. Dennoch war Junayd, wie alle großen Sufi-Lehrer, auch ein Lehrer der spirituellen Liebe.

Betrachten wir solche Individuen und die Berichte über sie, zeigt sich, daß ihre Liebe nie süchtig oder fanatisch war; ihr Eifer war von einer Art, die den Menschen um sie herum häufig unverständlich blieb – er war im höchsten Maße selbstlos und unpersönlich. Inmitten ihrer Glut behielten sie eine gewisse geheimnisvolle Stabilität und Ruhe.

Die Weisheitstraditionen behaupten, daß es tief in uns ein Bewußtsein gibt mit der Fähigkeit zu unparteiischer Liebe, das uns auffordert, Zwecken jenseits unserer biologisch und sozial konditionierten Bedürfnisse und Wünsche zu dienen.

Wenn wir spüren, daß die wichtigste Motivation eines anderen Menschen darin besteht, mit diesem verborgenen Bewußtsein in Kontakt zu kommen und ihm zu gehorchen, *müssen wir diesem Menschen einfach trauen.* Wenn wir sehen, daß ein Mann oder eine Frau auf irgendeiner Ebene ehrlich versucht, einer Sache zu dienen, die weder eigennützig noch fanatisch ist, etwas, von dem wir spüren, daß es dem Wohl der Allgemeinheit dient, so vertrauen wir ihm oder ihr unweigerlich. Wir vertrauen Menschen, die nicht auf das eigene Wohl aus sind, spontan.

Was im anderen ist vertrauenswürdig?

Worin liegt die praktische Bedeutung dieses authentischeren Vertrauens? Es geht um die Frage, was wir im andern ansprechen. Wenn wir jemanden rufen, wen rufen wir dann? Was sprechen wir in ihm an? Was ist in jedem von uns stetig, stabil, unveränderlich? Auf diese Frage gibt es eine Antwort, und diese ist weder zynisch noch beruht sie auf einer der Interpretationen mystischer Religion oder den Aussagen der verschiedenen Schulen der modernen Psychologie.

Die Antwort ist, glaube ich, daß wir auf die Gesetzmäßigkeit der menschlichen Suche nach dem höheren Selbst vertrauen können. Ein Mann und eine Frau können sich gegenseitig außerordentlich dabei helfen zu erspüren, daß diese Suche vertrauenswürdiger ist als alles andere im Leben und daß ohne sie – und die Augenblicke von Wirklichkeit, zu der sie führt – alle anderen Güter des Lebens früher oder später bitter oder hohl werden.

Gerade weil sich die augenscheinlichen Güter des Lebens als unzuverlässig erweisen, haben wir die Suche nach etwas aufgenommen, das tiefer geht als die Angebote der Welt um uns herum. Das ist Weisheit, die wir selbst bestätigt fanden, nämlich daß uns die bekannte Welt weder wirkliche Liebe bieten kann noch Sicherheit, Wohlbefinden, wahre Loyalität oder Frieden. Warum würden wir suchen, wenn es nicht so wäre?

Aber unsere ganze Umgebung hat sich verschworen, uns zu überzeugen, daß wir dort draußen, außerhalb unseres inneren Selbst, das, was uns das Leben lebenswert macht, erlangen können. Die alten, weisen Lehrer erzählen, die Welt sei wie ein Marktplatz, auf dem jedermann seine Waren ausruft: Ekstase! Rettung! Ruhm! Angstfreiheit! Ehre und Respekt! Dankbarkeit der Kinder! Vermächtnis der Vollendung!

Wir können dem inneren Kampf in jedem von uns vertrauen – das heißt, wir können den Gesetzen und Kräften vertrauen, die im menschlichen Leben wirksam werden, wenn jemand um die Wahrheit über sich selbst ringt. Wenn jemand ängstlich wird oder wütend oder selbstmitleidig, streben diese Emotionen – wie kleine Kinder – danach, im anderen ähnliche Gefühle hervorzurufen. Der Zustand emotionaler »Gefangenschaft« strebt danach, »Gefangenschaft« im anderen zu erzeugen. Aber wenn ein Mann oder eine Frau darauf vertraut, daß sich der andere unter der Oberfläche danach sehnt, endlich die Suche aufzunehmen, dann kann etwas Neues zwischen zwei Menschen entstehen.

Wenn sich inmitten emotionaler Schwierigkeiten einer an die innere Suche erinnert, dann besinnt sich der andere vielleicht auch – möglicherweise nicht unmittelbar, und es wird auch vermutlich nicht genügen, um die Turbulenzen zu glätten. Aber wir können darauf vertrauen, daß der Vorgang der Erinnerung an die eigene innere Suche, so schwach und bruchstückhaft sie auch sein mag, eine Wirkung haben wird. Niemand wird jemals bereuen, diesen Kampf genau im Augenblick emotionaler Schwierigkeiten aufgenommen zu haben. Niemand wird es je bereuen, das Haften an unerfreulichen Emotionen aufgegeben zu haben.

Und wenn ein Mensch spürt, daß der andere seiner eigenen Suche vertraut, kann dies allein in eine Beziehung einen Strom von Liebe einer Qualität tragen, die anders nicht möglich ist. Wenn ich einen Menschen als jemanden betrachte, *der sucht*, bewirkt dies eine gegenseitige Achtung, die sich von allem, was das gewöhnliche Leben bietet, unterscheidet.

Worauf beruht unsere gegenseitige Achtung?

Gewiß müssen wir alle Facetten der Natur eines Menschen beachten und respektieren. Aber wenn wir uns gegenseitig als Gefährten auf dem Weg achten und vertrauen, als Gefährten bei der Suche, erhalten Vertrauen und Respekt in unserem modernen Leben eine völlig neue Bedeutung. Ohne diese Art des Vertrauens und Respekts führen auch die anderen nicht zum Glück, weil sie nicht auf dem vollkommenen Vertrauen beruhen.

Wir müssen als Männer und Frauen, Mütter und Väter geachtet werden und um unseres Wissens und der Taten willen, die wir im Leben und mit unserer Arbeit vollbracht haben; wir müssen als Menschen geachtet werden, ohne weitere umständliche philosophische oder theologische Rechtfertigung. Wir sind Menschen, wir müssen einander achten: Dies ist die ständige Botschaft der Stimme unseres Bewußtseins, ob wir dessen gewahr sind oder nicht. Und Vertrauen ist der Kern des Respekts – nicht blindes Vertrauen, das Schwäche ignoriert, sondern das Vertrauen in etwas Höheres, das durch den Menschen über dessen persönliche Bedürfnisse und Wünsche hinaus wirken kann – Vertrauen in den Menschen als, in Nietzsches Worten, »das Tier, das Versprechen geben kann«.

Aber Nietzsche hätte auch sagen können: »Ein Mensch ist das Tier, das Versprechen brechen kann.« Denn wir sehen, daß wir uns nicht über einen gewissen Punkt hinaus vertrauen können. Das ist eine Tatsache. Daher werden wir während unseres ganzen Lebens eine zweifache Empfindung haben: Wir achten uns gegenseitig, während wir gleichzeitig ständig darauf achten, wieviel Vertrauen wir in den anderen setzen können, so wie er tatsächlich ist. Ich achte deine Göttlichkeit, ich mißtraue deinen Dämonen. Genauso wie ich, wenn ich selbst um innere Wahrheit ringe, meine eigene Göttlichkeit achte und dabei versuche, angesichts meiner eigenen Dämonen mir selbst gegenüber ehrlich zu sein.

Gibt es keine Lösung für diesen Widerspruch? Müssen wir zwischen diesen beiden Einstellungen gegenüber dem anderen und uns selbst hin und her gerissen werden? Tatsächlich ist es möglich, eine einzige, ungespaltene Einstellung zu finden. In jedem Menschen kann ein Impuls entstehen, der beide Seiten der menschlichen Natur umspannt, ohne daß wir dadurch vorgeben, besser oder schlechter zu sein als wir es sind. *Wir sind Suchende.* Ein Suchender, eine Suchende weiß, daß er oder sie ein Wesen mit zwei Seiten ist. Und daß der andere genauso ist. Jeder von uns beiden ist es und ist es nicht. Jeder von uns beiden kann für den anderen eine Zuflucht werden vor der Welt mit ihrer Macht, uns einzureden, wir seien größer oder geringer, als wir tatsächlich sind. Wir können uns gegenseitig vor dem Anhaften schützen, das das alltägliche Leben in uns fördert.

Die Lehrer der Weisheitstraditionen sagen und zeigen es durch ihr Leben: Aufgeregtheit ist niemals dasselbe wie Fürsorglichkeit, Spannung ist nie Stärke, Fanatismus ist keine Hingabe, Egoismus ist nie Größe, Ängstlichkeit bringt keine Sicherheit, Selbstmitleid ruft niemals wirkliches Mitgefühl hervor. Die Welt mag uns überzeugen, solche selbstbezogenen Gefühle zu ehren und sie als Verkörperung unseres inneren Selbst zu behandeln. Aber wenn zwei Menschen versuchen zu lieben, können sie sich gegenseitig die Zuversicht und Gelassenheit geben, als *beides*, schwach und stark zugleich, gesehen und geliebt zu werden.

Zwei Menschen können sich gegenseitig helfen, sich zu *besinnen* – nicht durch Worte und auch nicht unbedingt durch Taten, sondern indem sie sich in den Augenblicken besinnen, in denen sich der andere in Schwierigkeiten befindet. Jeder Mensch braucht Zärtlichkeit, Lachen, Angenommensein, Sicherheit und liebevolle Intimität. Aber jeder Mensch auf der Suche nach Wahrheit muß sich vor allem darauf besinnen, wer wir sind und was wir suchen – und warum. Wenn zwei Menschen versuchen, sich auf diese Weise zu helfen, transformiert dies die Bedeutung von Vertrauen.

6.
Liebe und die Erfahrung von Zeit

Wir alle wissen, was mit der Zeit geschieht, wenn wir uns verlieben. Sind wir zusammen, scheint es keine Vergangenheit und keine Zukunft zu geben, kein Phänomen »Zeit« samt seinen Einschränkungen. Wenn wir uns dann trennen, scheint es, als seien wir kaum zusammen gewesen, selbst wenn es tatsächlich Stunden oder gar Tage großer Intensität waren: Zeit ist nur zu wirklich, nur zu kostbar, und wir haben viel zu wenig davon. Und wenn wir zusammen sind und die Kostbarkeit dieser Zeit empfinden, versuchen wir häufig, sie anzuhalten, Höhepunkte zu erreichen, die uns vor der Welt der Zeit schützen sollen, die morgen oder übermorgen in unserem Alltag auf uns wartet.

In der Liebe wissen wir, *wissen* wir, daß Zeit nicht das ist, was wir glaubten. Wir wissen, daß wir in unserem Alltag in der Gewalt eines Meisters gelebt haben, der Anspruch auf eine Autorität erhebt, die anders ist, als sie erscheint. Wir verstehen das aber nicht ganz. Wir wissen zwar, daß die Macht der Zeit in einem gewissen Maß von etwas in unserem eigenen Geist abhängt, aber was dieses Etwas sein könnte, wissen wir nicht, und wir wissen nicht, wie wir es absichtlich erreichen können. Die »Zeitlichkeit der Liebe« bleibt ein reines Geschenk, reine Gnade.

Zwei Arten von Zeit

Aber wenn zwei Menschen zusammenleben, haben sie nicht länger nur Augen für den anderen, sie sehen hinaus in die Welt. Ob es ihnen gefällt oder nicht, wenn Liebende zusammenleben, werden sie von der Welt gezwungen, voneinander weg zu sehen. Diese notwendige Hinwendung zur Außenwelt, zu den Anforderungen des täglichen Lebens, führt sie zurück in die »Zeitlichkeit der Welt«. Sie werden sich wieder und wieder einander zuwenden und immer wieder das Zeitgefühl der Liebe erfahren. Aber ihr Leben steht jetzt unter zwei grundlegenden Eigenschaften der Zeit, zwei Zeitwahrnehmungen: derjenigen der Liebe und derjenigen der Pflicht. Pflichten, Anforderungen, Aufgaben, Notwendigkeiten sind es, die uns von der Zeitlichkeit der Liebe ablenken.

Das, was Liebende als Befreiung vom spannungsgeladenen, weltlichen Zeitgefühl erfahren, wird in den Weisheitstraditionen als ein bis zu einem gewissen Grad transformierter innerer Zustand beschrieben, eine Kostprobe des psychischen Geburtsrechts der Menschheit. In der Intensität des Verliebtseins erfahren wir – bis zu einem bestimmten Punkt und nicht immer und mit jedem – sowohl die reine Ergebenheit des Körpers an die Zwecke der Natur *als auch* die reine Hingabe der Psyche an die Berührung einer Wirklichkeit, die das Ego überschreitet.

Wenn wir jetzt diese Situation genauer betrachten, müssen wir vorübergehend von der Tatsache absehen, daß die egoistische, von den Verzerrungen der modernen Erziehung geformte Persönlichkeit diese Erfahrung sofort nutzt und mit Angst besetzt, wodurch Verliebtheit nervös, träumerisch oder besessen wird. Betrachtet man die Zeitlichkeit der Liebe, wird deutlich, daß sich hier die Beziehung zwischen Geist und Körper gewandelt hat.

Die Wirklichkeit und die Unwirklichkeit der Zeit

Viele Philosophen haben gelehrt, die so wirklich erscheinende Zeit sei eigentlich eine Projektion unseres Geistes. Das ist ein faszinierender Gedanke, aber nur sehr wenige Menschen können tatsächlich behaupten, ihn durch eigene Erfahrung bestätigt zu haben. Verschwommen und undeutlich *ahnen* wir, daß die Wahrnehmung der Zeit von etwas in uns abhängt, aber dies ist nur eine interessante Vorstellung. Es hilft uns im Leben nicht wirklich weiter. Wenn die Anforderungen des Alltags mit all ihren Ängsten und Befürchtungen, all ihren übertriebenen Versprechungen, über uns herfallen, erscheint uns Zeitdruck nur zu wirklich. Und nur zu häufig hält er uns voneinander fern.

Wir haben nicht genügend Zeit füreinander, und dies gilt immer mehr als zentrales Problem der Liebe in unserer Zeit. Sollen also die Philosophen und Meister der Weisheitstraditionen sagen, was sie wollen, die Zeit erscheint uns sehr, sehr wirklich.

Aber vielleicht haben wir noch gar nicht alles erfaßt, was die großen Lehren über die Subjektivität der Zeit berichten. Denn in der Tat kann uns die Empfindung leidenschaftlicher Liebe etwas über die Zeit zeigen, was wir vielleicht noch nicht in seiner wirklichen Bedeutung erkannt haben. In der Leidenschaft der Liebe kann eine vollkommen neue Beziehung zwischen Geist und Körper entstehen. Nicht nur ist unser Körper dann höchst lebendig, voll natürlicher Kraft, wie es oft erfahren und von den Dichtern und Romanschriftstellern beschrieben wird. Tatsächlich kommt es häufig auch zu einer neuen, bewußteren Beziehung zwischen Körper und Geist. Wir sind so daran gewöhnt, daß der Geist keine Beziehung zum Körper mehr hat oder daß diese gestört ist, daß wir glauben, es mit einer ausschließlich körperlichen Erfahrung zu tun zu haben, wenn die Beziehung plötzlich natürlich und ungezwungen ist. Aber die Leidenschaft der Liebe wird viel treffender als

»harmonische Resonanz« zwischen Körper und Geist charakterisiert – und »Geist« meint nicht nur die intellektuelle Fähigkeit, denn offensichtlich geht es hier vor allem um eine neue Erfahrung des Gefühls. Geist, Körper und Gefühl nähern sich auf eine Weise einander an – für einen Augenblick, einen kurzen Moment –, wie es sonst selten geschieht.

Und die Zeit wird transformiert. Wir können dann sagen – und haben dies durch eigene Erfahrung bestätigt –, daß die Wahrnehmung der Zeit nicht vom Geist, sondern genauer von der Beziehung zwischen Geist und Körper abhängt. Offensichtlich ist hierzu noch sehr viel mehr zu sagen, und die großen Weisheitstraditionen bieten in ihren detaillierten Lehren eine Unmenge von Erkenntnissen über das Phänomen der Zeit. Aber uns mag diese Einsicht erst einmal genügen, um praktisch untersuchen zu können, wie sich zwei Menschen angesichts der Probleme der Liebe helfen können, die mit Zeit und Zeitdruck verbunden sind.

Der erste Schritt hierzu ist sicherlich die Auseinandersetzung mit unserer eigenen Beziehung zur Zeit. Wir müssen selbst untersuchen, wie Ängste aller Art in der mit der Zeit verquickten Angst wurzeln, wie der Faktor Zeit in jede Spannung, jede Befürchtung, jedes nagende Verlangen unseres Lebens eingeht. Er ist dort, in jedem Winkel unseres Gefühlslebens. Wir müssen ihn suchen und unparteiisch mit eigenen Augen betrachten.

Ebenso wesentlich ist es, unsere eigene Beziehung zum Körper zu bedenken, also zu dem Strom organischen Lebens, der in unseren Körpergeweben immer gegenwärtig ist, dessen wir aber normalerweise nur in seltenen Augenblicken der Leidenschaft oder des körperlichen Schmerzes gewahr sind. Der Körper wird von einem tiefen, spürbaren Fluß feinfühliger Wahrnehmungen durchströmt, über den sich unsere Kultur ausschweigt. Ob ein Mensch eine bewußte Beziehung zu diesem Fluß hat, bestimmt einen großen Teil der Normalität seiner Alltagserfahrungen und seiner tatsächlichen Möglichkeiten der inneren Suche.

Wir müssen persönlich die Erfahrung machen, wie selbst eine schwache und flüchtige bewußte Öffnung gegenüber diesem Strom organischer Reaktionsfähigkeit uns von einem großen Teil der Tyrannei der Zeit befreit. Wir erkennen dann auch, auf einer viel tieferen Ebene als zuvor, wie häufig wir diese Beziehung zum Körper verlieren – und damit tieferes Leben, tiefere Gefühle, ausgeglichenere Intelligenz –, wenn wir unter dem Bann des weltlichen Zeitgefühls stehen, der Zeitlichkeit einer Welt ohne ein »Innenleben« des Körpers.

Unter diesem Blickwinkel können wir vielleicht das moderne Problem der Zeit auf neue Weise angehen. Wir können uns fragen und uns gegenseitig bei dieser Erkundung helfen: Werden wir wirklich jemals von Zeitdruck überwältigt, wenn sich der Geist, selbst nur in geringem Maße, bewußt im Körper befindet? Dies ist ein Thema, das zu untersuchen sich wirklich lohnt: Stimmt es, daß wir nie wirklich aufgewühlt sein können, wenn wir uns bewußt in unserem Körper befinden?

Wenn uns unsere Kultur immer mehr dahin führt, daß wir für die Befriedigung der materiellen Bedürfnisse des Lebens kaum oder gar nicht mehr in bewußter Beziehung zu unserem Körper stehen müssen, werden wir da nicht unvermeidlich von krankhafter Geschäftigkeit und Hast befallen? Fast jede neue technische Entwicklung der modernen Welt gilt als Zeichen des »Fortschritts«, weil sie Menschen von der Notwendigkeit befreit, sich um den Körper zu kümmern, während sie ihren Pflichten nachgehen. Der Computer ist nur die jüngste und einflußreichste dieser neuen Technologien. Das Problem der Zeit in der modernen Welt ist daher weitgehend mit dem Problem verbunden, ausschließlich im Kopf zu leben.

Und dies hat noch ganz andere Auswirkungen. Wenn wir auch noch so sehr im Kopf leben, verschwindet der Körper deswegen nicht; er geht einfach seinen eigenen Weg, macht, was er will, wie ein streunendes Haustier. Und die Gefühle verwildern ohne eine bewußte Beziehung zum Rest des Selbst wie ausgesetzte kleine Kinder.

Auf jeden Fall verwirrt das Problem der Zeit die Menschen, die versuchen, in Liebe zusammenzuleben, immer mehr. Ganz gleich, ob sie zusätzlich durch Kindererziehung beansprucht werden oder nicht, die meisten Menschen haben zuwenig Zeit für- und miteinander.

Es entspricht natürlich nur dem gesunden Menschenverstand, wenn wir versuchen, diese Situation auf naheliegende Weise zu verbessern – gemeinsame Ferien, Wochenenden, Abende. Für diese Lösung brauchen wir nicht die Weisheitslehren der Welt.

Aber angesichts dessen, was wir bisher gesagt haben, gibt es subtilere Methoden, mit denen wir uns vielleicht gegenseitig helfen können. Was geschieht mit der Wahrnehmung der Zeit, wenn einer von zwei Menschen nicht so sehr unter dem Bann der Aufgeregtheit steht? Wenn du ruhig und gelassen bist – natürlich nicht zu Stein erstarrt und auch nicht mit einem falschen Heiligenschein –, was wird dann aus meiner Geschäftigkeit und Hast?

Natürlich gibt es, wie wir bereits gesehen haben, diese eigenartige und manchmal geradezu komische Seite der menschlichen Natur: Wir können tatsächlich empört sein, wenn der andere sich weigert, sich durch unsere Ängste mitreißen zu lassen. Es scheint so, als sei er gleichgültig oder verstünde die Situation nicht. Aber echte Gelassenheit führt nicht zum Rückzug, sondern zu Offenheit und Mitgefühl mit dem anderen. Mitgefühl bedeutet nicht, sich durch die Angst oder den Schmerz des anderen einfach mitreißen zu lassen.

Der entscheidende Punkt ist hier, daß – ganz gleich was kurzfristig geschieht – auf lange Sicht die Verfassung eines Menschen den anderen daran erinnern kann, was er oder sie sucht. Diese Verfassung ist nicht dasselbe wie eine Stimmung oder eine Emotion. Hier geht es vor allem um die Fähigkeit eines Menschen, *da zu sein*, im Augenblick gegenwärtig. Im Augenblick gegenwärtig sein heißt, in einer bewußten, offenen Beziehung zum Körper zu stehen. Der Geist allein ist niemals wirklich *hier*, niemals wirklich *jetzt*. Nur Geist und Körper gemeinsam können wirklich im gegenwärtigen Augenblick existieren, frei sein von der Tyrannei der Zeit.

Und das ist sicher, was wir suchen, wenn wir uns um ein Leben bemühen, das den Bann der Welt überschreitet: Freiheit von der Tyrannei der Zeit. Die spirituellen Traditionen verwenden das große Wort »Ewigkeit«, wenn sie über dieses Ziel sprechen. Ganz gleich, welche tiefere Bedeutung dieses Wort besitzen mag, praktisch nähern wir uns seinem Sinn mit dem Zeitgefühl der Liebe, wenn wir ein Gefühl für die Ewigkeit als reines

Geschenk empfangen. Aber ein derartiges Geschenk muß hier, wie woanders auch, als Aufforderung aufgefaßt werden, bewußt auf ein Leben hinzuarbeiten, das sich insgesamt diesem Geschenk in weit größerer Güte und größerem Maß öffnet.

7.
Arbeit, Geld, Sex, Macht, Schönheit ...
das ganz normale Leben

Würde man sich an der unmöglichen Aufgabe versuchen, die Botschaft aller Weisheitstraditionen in ein paar Worten zusammenzufassen, könnte sie heißen: *Der Sinn des Lebens kann nicht im Leben selbst liegen, sondern nur in etwas, das darüber hinaus weist.* Dahinter steht der Gedanke, daß das Leben, das ganz normale menschliche Leben, wie wir es kennen, von Einflüssen bestimmt ist, die nichts mit der inneren Entwicklung individueller Menschen zu tun haben und ihr, wenn man es unter einem bestimmten Blickwinkel betrachtet, sogar entgegenstehen.

Gleichzeitig gibt es aber auch andere Kräfte und Einflüsse in der Welt, die unser inneres Wachstum begünstigen und unterstützen. Es heißt, diese kämen durch Menschen zu uns, die eine außergewöhnliche Reinheit der Intelligenz und Liebe verkörpern und eine außergewöhnliche Fähigkeit, anderen bei der Suche nach ihrem eigenen Selbst zu helfen.

Dank ihres Einflusses entstanden im Laufe der Geschichte große spirituelle Traditionen und Schulen der Weisheit, und diese wiederum versuchten, der Menschheit das Wissen dessen zu vermitteln, was der *Weg* genannt wird.

Die beiden Kräfte bestehen im Leben der Menschheit Seite an Seite. Nichtsdestoweniger sind sie sehr verschiedenartig und gut voneinander unterscheidbar – und werden auch von vielen Menschen so *empfunden*. Normalerweise können wir uns diesen Unterschied nicht wirklich erklären, aber wir spüren ihn und erahnen häufig in einem anderen Mann oder einer anderen Frau das gleiche Gefühl oder die gleiche Neigung. Ein Individuum fühlt sich zu bestimmten Ideen hingezogen, zu einer bestimmten Musik oder Kunst, oder es befaßt sich mit Fragen, die im alltäglichen Trubel des Lebens nicht besonders geschätzt werden. Und wenn wir einen Menschen treffen, der von ähnlichen Dingen angezogen wird wie wir, ist dies häufig der wichtigste Auslöser für den Beginn einer Liebe, wichtiger noch als Sexualität oder andere Beweggründe.

Ein gemeinsames Leben und eine gemeinsame Suche

Diese Seite der Verliebtheit ist nicht einfach eine Frage »gemeinsamer Interessen«; es geht vielmehr um eine bestimmte, sehr spezielle *Art* des Interesses, eine bestimmte Hoffnung bei der Suche und auch sehr häufig um eine bestimmte Enttäuschung von den Angeboten des gewöhnlichen Lebens. Wir sind enttäuscht von dem, was Geld kaufen kann, von den Zielen Ruhm, Macht oder Prestige, von der in der Werbung behaupteten Befriedigung durch Kosmetik und körperliche Attraktivität, enttäuscht sogar von konventionellen religiösen, moralischen, ästhetischen und wissenschaftlichen Werten. Die moderne Welt neigt dazu, dieses besondere Interesse mit Skepsis zu betrachten – und in vielen Fällen vielleicht sogar zu Recht.

Zweifellos können sich Menschen über ihre sogenannten höheren Beweggründe täuschen. Und ganz sicher können auch Menschen, die dieses spezielle Interesse stark in sich entwickelt haben, daneben ebenso viele andere Motive haben wie jeder andere Mensch.

Wir können durch ein gemeinsames Gefühl der Suche zueinander hingezogen werden, gleichzeitig werden wir aber wie der Rest der Menschheit durch unsere sexuellen Bedürfnisse geleitet und durch Eitelkeit, Ambitionen oder Angst. Wieder einmal verkörpert die Verliebtheit selbst in ihren erlesensten Formen nicht mehr als eine Kostprobe und ein Versprechen einer tieferen Qualität bewußten Lebens. Während Liebende selbst dazu neigen, die Reinheit und Dauerhaftigkeit dieses Vorgeschmacks zu überschätzen, unterschätzt die moderne »realistische« Sichtweise der Liebe, die sich der mit der romantischen Liebe vermischten Dinge bewußt ist, die Berührung mit den höheren menschlichen Möglichkeiten, die das Verliebtsein fast jedem Menschen mindestens einmal in seinem oder ihrem Leben schenkt.

Wenn sich also ein Mensch verliebt, der auf der Suche nach etwas ist, das fern der Werte und Lebensformen liegt, wie wir sie kennen, auch wenn er sich dessen vielleicht gar nicht bewußt ist, und wenn dieser Mensch also einen anderen ebenso Suchenden trifft, gewinnt die Verliebtheit eine ganz außerordentliche Dimension, die weit über sexuelle, soziale oder psychologische Aspekte der menschlichen Beziehungen hinausgeht. Die Herausforderung besteht dann darin, diese Eigenschaft der Verbindung im Zusammenleben aufrechtzuerhalten.

Es geht nicht nur darum, daß sich zwei Menschen das Gefühl für die Suche bewahren, das so stark daran beteiligt war, sie zusammenzuführen. Es geht um viel mehr als dies. Wenn sich zwei Menschen auf diese Weise zueinander hingezogen fühlen, haben sie die Möglichkeit – und vielleicht die Pflicht –, diese Eigenschaft der Beziehung nicht nur zu bewahren, sondern sich gegenseitig bei der Vertiefung der Suche zu helfen und sie in ihrem persönlichen Leben fortzusetzen.

Das heißt nicht, daß einer der Guru des anderen sein soll. Aber wenn ein Paar beginnt zusammenzuleben, kehren alle Kräfte des Lebens, alle Einflüsse des menschlichen Lebens auf der Erde – von denen die beiden in einem gewissen, geringen Maße in der Leidenschaft des Verliebtseins befreit waren – mit neuer Kraft in ihr Leben zurück. Sie werden als Probleme erlebt, als Schwierigkeiten und manchmal Hindernisse für die Liebe. Häufig treiben diese Einwirkungen die Liebenden auseinander, oder sie führen im Gegenteil dazu, daß sich beide mit neurotischer Besessenheit aneinander festklammern. Die Einflüsse des »ganz normalen Lebens« entsprechen stets einer Bewegung hin zur Fragmentierung und Entzweiung, einer Bewegung in Richtung Isolation oder Konflikt. Um das ganze Ausmaß dieser Tatsache zu sehen, muß man sich nur vor Augen führen, wie sehr die Welt durch Gier nach Reichtum, nach Sicherheit auf Kosten anderer, nach politischer oder religiöser Macht, nach uneingeschränkter Sexualität, nach Ruhm und Schmeichelei gelitten hat.

Und dennoch besitzt jeder Mensch soziale und psychische Bedürfnisse. Jeder Mensch besteht aus einem sozialen Ich und dem Keim einer Seele. Die Herausforderung des Lebens besteht darin, das eine zu erhalten und dabei das andere zu nähren. Das ist nicht einfach. Im Gegenteil fällt es nur allzu leicht zu glauben, man nähre die Seele, während man tatsächlich in der Macht des sozialen Ich schwelgt, also das normale, soziale Ich in jene kosmische Anomalie verwandelt, die von den Weisheitstraditionen »das Ego« genannt wird.

Wie unterstützen wir uns gegenseitig dabei, nicht zu vergessen, daß es etwas gibt, das über das »ganz normale Leben« hinausgeht? Tatsache ist, daß der modernen Psychologie, sowohl in ihrer professionellen als auch ihrer volkstümlichen Form, dieses Wissen fast vollständig abgeht.

Damit soll nicht übersehen werden, daß die moderne Psychologie aus der heilsamen Erkenntnis und Anerkennung der legitimen Bedürfnisse des Menschen nach Sexualität, Anerkennung und Erfolg entstand, der Bedürfnisse nach Selbstachtung, materieller Sicherheit, einem Gefühl, angenommen zu werden und einen Platz im Sozialgefüge zu haben. Ein dogmatisches und heuchlerisches religiöses Establishment wurde am Ende gezwungen, sich in diese Wahrheit zu fügen, die unter ziemlichen Schwierigkeiten von den Gründern der modernen Psychiatrie und Psychologie in unsere Kultur getragen wurde.

Aber der Rückzug der Religion ging so weit, die ganze Vorstellung der Natur des Ich ins Psychologische zu wenden. So verlor unsere Religion in vieler Beziehung alles Gefühl für ihre Wurzeln in den Weisheitstraditionen, die von etwas in uns und im Universum sprechen, das über das »ganz

103

normale Leben« hinausgeht. Die Einsichten und Heilmethoden der Psychologie waren nie dazu gedacht und auch nie in der Lage, die »vertikale Dimension« der menschlichen Psyche anzusprechen. Was sie den Menschen heute bietet – vor allem in ihrer volkstümlichen Form, die wir die allgemein akzeptierte Sichtweise unserer Gesellschaft nennen könnten – bringt die Menschen eher dazu, den sozialen oder biologischen Bedürfnissen und Wünschen mehr Gewicht als nötig zu geben – also Aussehen, Gesundheit, sexueller Lust, Erfolg, Verantwortung für die Familie, Karriere.

Obwohl sich ihr Diktum auf andere, offensichtlich alltägliche Aspekte und Verpflichtungen der Menschheit bezieht, legt auch die volkstümliche Moral in ihren vielen Erscheinungsformen mehr Gewicht als nötig auf zum Beispiel die Ziele ethnischer Solidarität und der Solidarität der Geschlechter, auf Patriotismus, politische Meinungen, »Anliegen« aller Art, hinter denen sich häufig der Impuls der Angst und des Selbstinteresses verbirgt. Das Leben präsentiert uns diese psychologischen und moralischen Vorstellungen auf eine Art und Weise, die das Individuum in eine Verfassung hineinlocken, die wir bereits als »Anhaften« charakterisiert haben. Durch Anhaften tritt niemals etwas der Menschheit oder dem individuellen menschlichen Leben Förderliches in die Welt.

Vom »Leben« enttäuscht zu sein heißt zuallererst, davon enttäuscht zu sein, wie die Ideale und

Ziele der Gesellschaft Menschen durch Anhaften in Konflikte, Isolation und Sentimentalität treiben. Sehr viele Menschen empfinden schon seit der frühen Kindheit die Heuchelei und Oberflächlichkeit der gesellschaftlichen Ziele. Ohne daß sie wüßten, wie sie es erklären sollten, spüren sie, daß das »ganz normale Leben« auf Lügen beruht und nirgendwohin führt; es ist das, was Plato »die Welt der Erscheinungen« nannte oder die Buddhisten »das Rad von Geburt und Tod«.

Noch einmal, wie können sich zwei Menschen gegenseitig daran erinnern, was vorrangig und was zweitrangig ist für ihr Leben, das heißt für jedes menschliche Leben in seiner wesentlichen Struktur? Für Menschen, die versuchen, in Liebe zusammenzuleben, zeigt sich die Kraft des »ganz normalen Lebens« besonders stark. Die berechtigten und normalen Bedürfnisse mit ihren Verzerrungen durch unseren unerwachten Zustand verstärken sich gegenseitig: Das Bedürfnis nach Anerkennung kann zur besessenen Rechthaberei werden, das Bedürfnis nach Mitgefühl und Zärtlichkeit zu den Sehnsüchten des Selbstmitleids, das Bedürfnis nach sexueller Liebe kann unter dem Zwang der Myriaden Formen von Besessenheit, die unsere moderne Erziehung uns aufgezwungen hat, zu einem Schauspiel voller Furcht und Spannung werden, in dem wir all unsere Eifersüchteleien, Ängste und Schuldgefühle ausagieren.

Obwohl sich die Kraft des »ganz normalen Lebens« besonders bei einem Paar verdichtet, das zusammenlebt, ist ebenso wahr, daß sich diese beiden Menschen zugleich eine Quelle des Beistands sein können, die fast jede andere übertrifft. Sie können sich gegenseitig in ihrem persönlichen Kampf um Offenheit für die dem inneren Wachstum förderlichen Einflüsse des Lebens unterstützen. Bei diesen günstigen Einflüssen kann es sich um eine Lehre handeln oder einen bestimmten Menschen, den sie als Quell der Unterweisung und Weisheit achten, oder aber einfach eine gemeinsame »magnetische« Resonanz mit bestimmten Ideen oder Praktiken wie Meditation, Kunst oder das Interesse an relativ unverdorbenen alten Traditionen anderer Kulturen.

Liebe und die Suggestionskraft des Lebens

Eine Beziehung ist wie eine kleine eigene Welt. In der Alltagswelt unserer Gesellschaft stehen die verführerischen, hypnotischen Einflüsse des Lebens gänzlich den Dingen entgegen, welche die innere Freiheit begünstigen. Aber in einer Beziehung zwischen zwei Menschen, die gemeinsam suchen, kann immer einer so handeln, daß für den anderen eine viel größere Bandbreite menschlicher Möglichkeiten entsteht. Ich mag zum Beispiel beunruhigt darüber sein, was du wohl von mir denkst. Wenn du in diesem Augenblick inner-

lich ruhig bist, wenn du dich nicht automatisch
durch meine Angst erschrecken läßt – genau diese
automatische Reaktion läuft im normalen »Leben«
ständig ab, und sie und ihre Folgen ziehen viel
Aufregung und Leid nach sich – wenn du also, um
dies zu wiederholen, aufgrund deiner eigenen Suche in diesem Augenblick innerlich ruhiger bist,
dann hilft mir das sofort, einen gewissen »Raum«
um meine eigene Angst herum zu entdecken.
Möglicherweise stelle ich dann fest, daß ich meine
Angst nicht mehr dadurch zu verstärken brauche,
daß ich ihr unwillkürlich und automatisch Aufmerksamkeit zuwende. Kurzum, zwei Menschen
können sich gegenseitig dabei helfen, sich von
den Automatismen zu befreien, die sie unweigerlich im anderen hervorrufen. Eine Beziehung ist
wie eine kleine Welt und kann in dieser so etwas
wie die kleinste Form einer »spirituellen Gemeinschaft« sein.

Wenn ich auf egoistische Weise Anerkennung
von der Welt verlange, erwarte ich sie auch von
dir. Erwarte ich das Mitleid der Welt, will ich es
auch von dir. Wenn ich nach dem Anschein von
Erfolg verlange, erwarte ich auch von dir, daß du
ihn mir bestätigst. Aber du mußt mir nicht in allem so entgegentreten wie die Welt. Du mußt mir
nicht weismachen, daß ich wertlos bin, wenn ich
nicht glaube, auf schon groteske Weise großartig
zu sein, schön oder mächtig – oder irgendwas in
der Art. Mit deinen Worten und Taten und vor allem durch deinen Zustand innerer Suche kannst

du mir helfen, diese Ängste und Spannungen aufzulösen. Sie beruhen auf der von mir seit frühester Kindheit durch Erziehung verinnerlichten Hypnotisiertheit durch die Welt und die Gesellschaft, ein Zustand, der auch heute noch durch all die Suggestionen und Überzeugungen verfestigt wird, die unser Sozialgefüge prägen.

Wir sind nicht der Guru des anderen. Und wir brauchen normale Anerkennung, normale Ermutigung, normale Zärtlichkeit und normale, nur uns geltende Zuneigung. Wir *brauchen* diese Dinge. Unser ganzer menschlicher Organismus benötigt sie. Wir sind keine Heiligen und keine Engel, wir tragen den *Keim* einer Seele in uns, versenkt in einen schlecht erzogenen Körper, der von einem einsamen und liebeshungrigen Pferd namens Gefühle umhergezogen wird.

In gewissem Sinne sind daher alle Ansichten der volkstümlichen Psychologie über Glück wahr und unwahr zugleich. Wir sehnen uns nach Erfolg, Schönheit, materieller Sicherheit, Anerkennung, sexueller Leidenschaft, und wir alle, je nach Typ und persönlicher Einstellung, bilden uns ein, eines oder mehrere dieser Ziele könnte uns Glück bringen. Das Leben und die Kultur um uns herum verstärken diesen Glauben. Und es ist auch etwas Wahres daran. Wir brauchen diese Dinge.

Aber an sich erzeugen sie kein Glück. Genau dies versteht das »ganz normale Leben« nicht – und hat es auch nie verstanden, ganz gleich, ob

108

es nun das »Leben« in der modernen Gesellschaft ist oder das des mittelalterlichen Christentums, des alten Indiens oder der großen Zivilisationen des alten China, Ägypten oder Babylon. In der uns bekannten Geschichte gibt es nur wenige Beispiele von Zivilisationen, in denen über längere Zeit jene Kräfte, die eine innere Entwicklung des Menschen begünstigen, größeren Raum einnahmen als diejenigen, die zu Konflikt, Isolation und Barbarei führen. Vielleicht wissen wir einfach nicht, wie wir die Geschichte und andere Kulturen betrachten müssen, aber soweit wir sie überhaupt mit einer gewissen Unparteilichkeit studieren können, sehen wir, daß Verbrechen, Krieg, Brutalität und Geiz das Streben nach Erkenntnis, künstlerischer Wahrheit, religiösen Werten und menschlichem Mitgefühl bei weitem überwiegen.

Die langwierige Arbeit der Liebe

Wenn ein Mann und eine Frau sich um die Liebe bemühen, arbeiten sie immer daran, ob sie es nun so nennen oder nicht, sich vom Haften an den Illusionen des »ganz normalen Lebens« zu befreien, während sie sich gleichzeitig darin unterstützen, die normalen Bedürfnisse des verkörperten, menschlichen Selbst zu erfüllen. Ihr Kampf richtet sich dagegen, den anderen zur »Welt« zu machen,

ihn dazu zwingen zu wollen, zu geben, was die
»Welt« oder das »Leben« versprechen, aber nie
wirklich geben können: absolute Sicherheit, be-
dingungslose Loyalität und Treue, phantastische
Kraft, stets verfügbare Lust ... Wenn das »ganz normale Leben« diese Dinge nicht geben kann – und
in ihrer tieferen Bedeutung kann es das nicht –,
dann dürfen wir sie auch nicht vom anderen verlangen. Ich habe nicht das Recht, den anderen zum
»ganz normalen Leben« zu machen. Wieviel des
Enttäuschtseins von der Liebe, das so viele Menschen unserer Kultur heute empfinden, ist in Wirklichkeit ein unbewußt auf das falsche Objekt über-
tragenes Enttäuschtsein vom »ganz normalen
Leben«!

Die Weisheitstraditionen lehren, daß das, was
wir irrtümlich in der »Welt« suchen, nur in dem
Prozeß gefunden werden kann, der uns einer anderen Ebene des Lebens in uns selbst öffnet. Nur
dieses Leben, so heißt es, kann uns das geben,
was wir irrtümlicherweise außen suchen. Das
»Leben innerhalb des Lebens« kann uns das geben, was dem »ganz normalen Leben« nicht möglich ist. Und manchmal erlangen wir einen Blick
auf dieses Leben im Leben, wenn wir verliebt
sind, wenn wir erfahren, was Stendhal »die Leidenschaften, die zu tieferen Freuden führen«, genannt hat.

Sind wir verliebt, so streben wir nicht nach
Schönheit, Macht, Anerkennung, Sicherheit, Gesundheit. Sind wir verliebt, dann sind wir für ei-

nen Augenblick und bis zu einem gewissen Punkt
frei von den Einflüssen des »ganz normalen Lebens«. Sind wir verliebt, so erlangen wir vollstän-
dige Hingabe an einen anderen, und in dieser
Hingabe erfahren wir etwas von unserem wahren
Selbst. Wenn wir verliebt sind, leben wir jenseits
des Paradoxons. Liebe vereinigt Gegensätze – das
ist ihre eigentliche Definition. Im Universum, in
der Natur, zwischen den Menschen und in uns
selbst führt die Kraft der Liebe grundverschie-
dene und getrennte Wirklichkeiten zu Verschmelzung und Austausch.

Sind wir verliebt, dann finden wir uns selbst in
dem Augenblick, in dem wir den anderen finden;
in der Liebe werden wir frei in dem Moment, in
dem wir dem anderen dienen; in der Liebe erlangen wir Intelligenz und Klarheit in dem Augenblick, in dem uns gegeben ist, Denken und Geris-
senheit loszulassen, werden wir in dem Moment
stark und sicher, in dem wir unser letztes Stück
Panzer aufgeben können; im Nu und für einen
Augenblick werden wir vollkommen verletzlich.
Wie es von Baucis und Philemon hieß: »Es war
kein Unterschied in diesem Haus, ob du nach dem
Herrn oder Diener suchtest.«

Das »ganz normale Leben« kann diese Dinge
nicht verstehen. Hier leben wir zum Beispiel in
der Illusion der Stärke und können nicht sehen,
daß es Schwäche bedeutet, halb verletzlich zu
sein, uns zu fürchten und unser innerstes Gefühl
mit einem anderen Gefühl zu schützen, das nur

durch Angst lebt und Angst verströmt. Das »ganz normale Leben« kann den »Göttern« seine Türen nicht öffnen, weil es die Kraft der Liebe nicht versteht, die Sicherheit der Liebe, die Freiheit beständiger Liebe. Und daher trachtet es auf der Stelle danach, Liebe zu etwas zu machen, das es verstehen kann. Dies ist die Herausforderung des Zusammenlebens. Verliebt zu sein ist das eine, aber dann müssen wir das, wovon wir gekostet haben, in die Arena des »ganz normalen Lebens« bringen. Und damit beginnt eine lange, lange Arbeit.

Die langwierige Arbeit beginnt. Verliebtsein zeigt uns die Kraft eines Lebens im Leben. Es zeigt uns, daß es jenseits der Einwirkungen des gewöhnlichen Lebens in der Welt noch etwas ganz anderes gibt. Und an diesem Punkt wird die Menschheit von den Weisheitstraditionen angewiesen, innen zu suchen. Hier lehren sie uns: Was wir in der Liebe schmecken, ist wie ein Zeichen, ein Zeugnis dafür, daß wir für ein ganz anderes Schicksal bestimmt sind als das, was die Welt um uns herum geben kann. Zu diesem anderen Schicksal gehört die Kultivierung – die Befruchtung – eines neuen Lebens in uns selbst. Wie jeder Keim benötigt dieses neue Leben Fürsorge und Nahrung.

Die Arbeit der Liebe beginnt. Mitten im Leben mit all seinen Bedürfnissen und Anforderungen, mit all seinen Kompromissen und Nebensächlichkeiten, mit all den Kräften und Energien, die

Götter und Teufel dieser Ebene des Daseins namens menschliches Leben aufgeladen haben, inmitten dieser immer brandenden Flut des »ganz normalen Lebens« wird die Menschheit aufgefordert – immer zwei und zwei, wie der Mythos von Noah nahelegt –, die menschliche Widerspiegelung der Göttlichkeit aufrechtzuerhalten in einer Welt, die von Gewalt, Verwirrung und Illusionen überwältigt wird.

Zweiter Teil

Die Weisheit der Liebe

8.

Unwillkürliche und bewußte Liebe

Wir haben von den »Weisheitslehren« gesprochen und versucht, die Aufgabe der Liebe im Licht dieser Lehren zu sehen. Wir haben versucht, die Liebe als die Arbeit zu verstehen, die darin besteht, uns gegenseitig bei der Suche nach einem sinnvollen Leben zu unterstützen, von dem die Weisheitslehren sagen, es sei für den Menschen nötig und möglich.

Das Aufflammen, die Ekstase des Verliebtseins kann uns zu einem großen Unbekannten in uns selbst, in Körper und Seele, erwecken. Aber wenn wir dann den alltäglichen Kleinigkeiten des Zusammenlebens gegenüberstehen, dem ständigen Druck und den ständigen Komplikationen, den Ängsten und dem Groll, den Enttäuschungen und dem seltsam hohlen Triumph, der *Alltäglichkeit* all dieser Dinge, dem körperlichen, emotionalen und geistigen Labyrinth des »ganz normalen Lebens« – wie können wir uns dann weiterhin auf eine Weise lieben, die mehr ist als nur die Sehnsucht nach einem neuen Anfang? Einem neuen Anfang der Liebe, einem Beginn, der auch wieder, wie alle menschlichen Entwicklungen, unvermeidlich an eine Kreuzung gerät, die eine willentliche und bewußte Entscheidung erfordert. »Romantisch« im abwertenden Sinne des Wortes zu sein heißt, sich von jenen Kreuzungen der Liebe immer wieder abzuwenden, an denen das, was wir unwillkürlich von der Natur erhalten, mit einer Absicht von unserer Seite verbunden werden muß. Romantisch im abwertenden Sinne ist, wer sich nur nach unwillkürlicher Liebe sehnt. Aber die Arbeit der Liebe beginnt, wo die romantische Liebe endet.

Die Weisheitslehren sprechen kaum von unwillkürlicher Liebe oder davon, was wir heute »Beziehungen« nennen. Das geht so weit, daß man geneigt ist, sich zu fragen, ob Männer und Frauen anderer Kulturen überhaupt ähnliche Schwierigkeiten und Freuden erlebten, wie sie in unserer Kultur zu engen Beziehungen gehören. Tatsächlich stimmt es wahrscheinlich, daß in unserer industrialisierten und postindustriellen Gesellschaft mit all ihren durch Technologie erzwungenen Veränderungen die psychischen Bedürfnisse des Zusammenlebens in vieler Hinsicht erstaunlich anders sind.

Aber das ist hier nicht der Punkt, auf den es ankommt. Wichtiger ist, daß die Weisheitstraditionen fast ohne Ausnahme *bewußte* Liebe meinen, wenn sie über Liebe sprechen; sie sprechen von der Liebe »an der Kreuzung« und jenseits der Kreuzung. Verwirrung entsteht hauptsächlich durch die falsche Annahme, die Liebe der Weis-

118

heitslehren stünde auf derselben Ebene wie unwillkürliche Liebe. Es ist aber ein schwerwiegender Irrtum, die Liebe, die uns naturgegeben ist, mit der Liebe zu verwechseln, um die wir uns bemühen müssen. Und natürlich werden wir nie auch nur eine blasse Ahnung von der Arbeit der Liebe erhalten, wenn wir annehmen, die höheren Formen der Liebe befänden sich auf der gleichen Ebene wie die Liebe, die uns automatisch zufällt.

Wir müssen also noch einmal mit ganz neuen Augen ansehen, was die Weisheitstraditionen uns über Liebe sagen. Wir können und müssen die Weisheit der Liebe anschauen und zur gleichen Zeit unsere übliche Annahme aufgeben, diese Vorstellungen deuteten auf etwas, das wir ganz leicht tun oder haben könnten. Wir können diese Lehren so betrachten, daß sie wieder die ihnen angemessene Stellung erhalten – als *Ideale* und nicht als Tatsachenbehauptungen über uns selbst. Ihre Inspiration kann den Wunsch immer wachsen lassen, uns inmitten unseres augenblicklichen Lebens um sie zu bemühen; wir sollten aber nicht dem Trugbild nachhängen, sie bereits leben zu können. Die Vorstellungen über die Liebe, die der Menschheit über die Jahrhunderte geschenkt wurden, können unser metaphysisches Streben beseelen und verstärken und uns für jenen Kampf sensibilisieren, der uns zu *Menschen* machen wird.

Christentum

Wir können diesen kurzen Überblick über die Weisheit der Liebe beginnen, indem wir uns jenen Äußerungen zuwenden, die auf unsere Kultur am machtvollsten eingewirkt haben und die immer noch Hoffnung in einer dunkler werdenden Welt bereithalten. Was sagen diese Worte aus dem Neuen Testament den Männern und Frauen, die in dieser Zeit, dieser sogenannten »postmodernen Welt«, versuchen, einander zu lieben?

> Ihr habt gehört, daß gesagt wurde: ›Du sollst deinen Nächsten lieben und deinen Feind hassen.‹
> Ich aber sage euch: Liebet eure Feinde, segnet die, die euch fluchen, tut Gutes denen, die euch hassen, und betet für die, die euch voller Verachtung ausnutzen und euch verfolgen ...
> Denn wenn ihr die liebt, die euch lieben, welchen Lohn habt ihr? Tun nicht auch die Zöllner das gleiche?
> Und wenn ihr nur eure Brüder grüßt, was tut ihr Besonderes? Tun nicht auch die Heiden das gleiche?
>
> (Matthäus 5,43–47)

> Kinder, noch eine kleine Weile bin ich unter euch; ihr werdet mich suchen, doch wie ich zu den Juden gesagt habe: Wohin ich gehe, dahin könnt ihr nicht kommen, so sage ich jetzt zu euch.

120

Ein neues Gebot gebe ich euch, daß ihr einander liebt; wie ich euch geliebt habe, so sollt auch ihr einander lieben.

(Johannes 13,33–34)

Geliebte, laßt uns einander lieben; denn die Liebe ist aus Gott und jeder, der liebt, ist aus Gott geboren und erkennt Gott.
Wer nicht liebt, hat Gott nicht erkannt; denn Gott ist Liebe.

(1 Johannes 4,7–8)

Die Lehre des Neuen Testaments über Liebe kreist um den griechischen Begriff *agape*. Agape ist Liebe, die von Gott oder von einem höheren Seinszustand auf die Menschen herabkommt.

Als solche wird sie meist von der gewöhnlichen menschlichen Liebe unterschieden, die in Unvollständigkeit und Begehren wurzelt. Agape ist die Liebe, die sich aus der Fülle ergießt. Gewöhnliche menschliche Liebe, so die herkömmliche Deutung, entsteht aus Mangel und der Empfindung persönlicher Bedürfnisse, zu denen Sexualität gehört oder gesellschaftlich beziehungsweise psychisch konditionierte Bedürfnisse, die selbst wiederum Elemente der moralischen Verengungen und Anforderungen der Gesellschaft enthalten.

So allgemein verstanden erscheint Agape als ein Ideal außerhalb der Reichweite des Menschen. Oder andersherum, sie kann nur als Ideal in menschlicher Reichweite verstanden werden, wenn der Begriff insgeheim auf etwas reduziert wird, das innerhalb der Grenzen gewöhnlicher menschlicher Liebe angesiedelt ist. Verstehen wir sie auf die erste Weise, also als eine Kraft der Liebe außerhalb der Reichweite gewöhnlicher Menschen, kann sie selbst als Ideal nicht wirklich in unser alltägliches Leben eintreten. Denn was ist der Sinn eines Ideals, wenn man es wahrscheinlich niemals erreichen kann?

In der zweiten Interpretation, als der gewöhnlichen Liebe verwandt, wird sie zu einem Gedanken, der nur unseren gegenwärtigen Zustand des neurotischen Gefühlslebens verbirgt. Wird das Ideal von Agape unter der Hand auf die unwillkürliche menschliche Liebe reduziert, erschwert es das Leben sogar, anstatt es zu erleichtern. Es ist nicht ungewöhnlich, daß in seinem Namen Gewalt und Verbrechen gedeihen. Im Namen christlicher Liebe haben Kriege und Inquisitionen unermeßliches Leid über die Menschheit gebracht.

Aber das christliche Ideal der Liebe kann eine immense praktische Bedeutung haben. Gibt es für uns vollziehbare Schritte, durch die wir uns ihr annähern können? Kann uns dieses Ideal helfen, die tatsächlichen Bemühungen um das deutlicher zu verstehen, was wir die vermittelnde Liebe zwischen zwei Menschen genannt haben?

Das wichtigste Element von Agape, der Unterschied zur gewöhnlichen menschliche Liebe, besteht darin, daß an ihr nichts unwillkürlich ist.

Agape ist nur, wenn sie bewußt ist. Diese Liebe kann beherrscht werden, das heißt, sie hängt nicht ganz und gar von einem Aufwallen von Gefühlen ab, dem das Individuum ausgeliefert ist.

Gleichzeitig ist sie aber auch nichts, das wir in unserem gewöhnlichen psychischen Zustand willentlich herbeiführen können, und hier liegt ihr Geheimnis: In ihren tiefsten Dimensionen ist Agape in keiner Weise Gegenstand unseres Willens. Und dennoch wird sie von uns beherrscht. Sie ist nichts, was wir *tun* können. Und dennoch sagen uns die Weisheitslehren, daß wir lieben müssen.

Wie lassen sich diese beiden widersprüchlichen Aspekte der Vorstellung von Agape versöhnen?

Der Befehl, zu lieben

Wir können diese Frage mit Hilfe des großen dänischen Denkers Søren Kierkegaard aus dem 19. Jahrhundert beantworten:

Und wenn der Ewige sagt: »Du sollst lieben«, wird es zur Verantwortung des Ewigen, dafür zu sorgen, daß dies getan werden kann.

Das heißt, Agape steht nicht in unserer Macht, sie ist aber eine Macht, die wir empfangen können, eine Fähigkeit, die der Mensch erhalten kann.

Allgemein scheint vergessen zu sein, daß ein Mensch, der diesem Gebot der Liebe gehorchen will, in der Lage sein muß – nicht direkt zu lieben, sondern sich der transzendenten Macht zu öffnen, durch die alle bewußten Wesen zueinander hingezogen werden, indem es sie zum wesentlichen Ursprung des Universums selbst hinzieht. Das ist die grundlegende Metaphysik der christlichen Liebe.

Aber ebenso vergessen wird, daß die Fähigkeit, sich für die Macht von Agape zu öffnen, selbst nicht ohne weiteres gegeben wird. Wir müssen uns darum bemühen, darum kämpfen. Dieser Kampf ist eine andere Bezeichnung für das, was wir die Suche nach dem Sinn nennen. Und wir sehen jetzt, daß diese Suche nach Sinn die Fähigkeit beinhaltet zu lieben, wie Gott liebt, und daß sie zwei Menschen zusammenbringen kann, damit sie sich gegenseitig helfen. Vielleicht können zwei Menschen jene transzendente Erfahrung der christlichen Liebe nicht einfach willentlich herbeiführen; sie – wir – haben sich noch nicht so weit entwickelt. Aber sie können den Willen besitzen, also sich dafür entscheiden, zu versuchen, einander im Kampf um diese Fähigkeit in uns beizustehen. Solch eine Wahl, die immer wieder neu getroffen werden muß, ist nicht Agape, aber sie ist ein Widerhall von Agape; sie ist umgeben, um ein Bild der islamischen Mystik zu verwenden, vom »Duft« der bewußten Liebe.

Hören wir noch einmal auf Kierkegaard. Er

sagt uns, die Kraft, bewußt einen anderen Menschen zu lieben, sei uns nur als *Ergebnis* unserer Fähigkeit möglich, uns dem Höheren (dem Ewigen oder Gott) in uns und über uns zu öffnen:

Die Sache ist sehr einfach. Der Mensch muß damit beginnen, den unsichtbaren Gott zu lieben, denn dadurch wird er lernen, was es heißt, zu lieben. Aber die Tatsache, daß er das Unsichtbare wirklich liebt, zeigt sich genau darin, daß er den Bruder liebt, den er sieht. Je mehr er das Unsichtbare liebt, um so mehr wird er den Menschen lieben, den er sieht. Es ist nicht umgekehrt, daß er, je mehr er die zurückweist, die er sieht, um so mehr das Unsichtbare liebt, denn ist dies der Fall, wird Gott in ein unwirkliches Etwas verwandelt, eine Laune. Derartiges kann nur einem Heuchler einfallen oder einem Täuscher, der nach einer Ausflucht sucht, oder einem, der sich Gott falsch vorstellt, als trachte Gott eher nach seinem eigenen Vorteil und danach, geliebt zu werden, als daß er gnädig sei und immer von sich weg zeige und sozusagen sagte: »Wenn du mich lieben willst, liebe die Menschen, die du siehst. Was du auch für sie tust, du tust es für mich.« Gott ist zu erhaben, um die Liebe eines Menschen direkt annehmen zu können, geschweige denn, Vergnügen an dem finden zu können, was einem Fanatiker gefällt ... Gott verlangt nichts für sich selbst, obwohl er alles von dir verlangt.

Kierkegaard spricht von einer Ganzheit der Ausrichtung, einer Ausrichtung, die gleichzeitig auf Gott und den Nächsten gerichtet ist, einer Ausrichtung des Herzens und der Seele, zugleich dem geöffnet, was tief im Selbst ist und dem tatsächlichen Menschen vor mir. Für Kierkegaard ist es ein schwerer Fehler zu meinen, man könne einen anderen Menschen bewußt lieben, ohne zur gleichen Zeit – und *grundlegender* – das Höchste in sich selbst und über sich selbst zu lieben.

9.
Ethik als Liebe

Es wird zu selten bemerkt, daß diese Fähigkeit,
bewußt und mit dem ganzen Wesen zu lieben, genau das ist, was den Menschen Gott *ähnlich*
macht. Wenn der Mensch nach dem Bild Gottes
geschaffen ist – und das ist die Ansicht sowohl
der jüdischen als auch der christlichen Lehren –,
heißt das, er ist so geschaffen, daß er zur Liebe
fähig ist. »Gott ist Liebe.«

Judentum

Hier zeigt sich die Antwort auf das Rätsel der
Schlange im Paradies – diese Geschichte kann
uns viel über die Bedeutung der Liebe zwischen
einem Mann und einer Frau lehren. Die Schlange
führt Eva in dem schmerzlich geheimnisvollen
Augenblick in Versuchung, als jene zu ihr sagt:

Nur von den Früchten des Baumes in der Mitte
des Gartens hat Gott gesagt: ›Esset nicht davon,
noch rührt sie an, sonst müßt ihr sterben!‹

Die Schlange sprach zur Frau: »Ihr werdet gewiß
nicht sterben!
Denn Gott weiß, daß euch, sobald ihr davon esset, die Augen aufgehen und ihr wie Götter sein
werdet, indem ihr Gutes und Böses erkennt.«
Da sah die Frau, daß der Baum gut sei zum Essen und eine Lust zum Anschauen und begeh-
renswert, um weise zu werden. Sie nahm von
seiner Frucht, aß und gab auch ihrem Manne
neben ihr, und auch er aß.

(Genesis 3,3–6)

»... ihr wie Götter sein werdet«: Das Wort »Götter«,
elohim, bezeichnet hier nicht unbedingt den
Höchsten. Dieser Satz kann sich auch auf Prinzen
beziehen, Herrscher – selbst weltliche Herrscher.
Das hebräische Wort *elohim* bezeichnet nicht *notwendigerweise* in jedem Zusammenhang Gott
den Schöpfer und Vater. Wie dem auch sei, für
uns ist in dieser Geschichte interessant, daß der
Apfel *eine Lust zum Anschauen* ist. Er *sieht gut
aus*. Er erscheint gut. Man scheint durch ihn
weise zu werden. In dieser Geschichte vom Fall
stürzt die Menschheit in die Welt der Erschei-
nung, eine Welt, in der man nur an der Oberfläche des Selbst lebt, eine Welt, in der man be-
gehrt und nimmt, denkt und vorzieht, mag und
ablehnt. Das ist nicht gottähnlich, es ist das, was
sich das Ego unter »Gottähnlichkeit« vorstellt.

Die Menschheit ist jedoch dafür vorgesehen
und geschaffen, Gott wirklich zu gleichen. Diese

Ähnlichkeit entwickelt sich aber erst aus der Fähigkeit zu lieben und in Liebe zu handeln. An unzähligen Stellen des Alten Testaments wird darauf verwiesen, am eindrücklichsten aber in Deuteronomium 6:

> Höre Israel: Der Herr ist unser Gott, der Herr allein!
> Du sollst den Herrn, deinen Gott, aus ganzem Herzen, aus ganzer Seele und mit all deiner Kraft lieben.
>
> (Deuteronomium 6,4–5)

Du sollst mit deinem ganzen Wesen lieben, nicht oberflächlich »mögen« oder »ablehnen«. Deuteronomium 6 ist die Antwort auf Genesis 3. Der Mensch als das Bild und Abbild Gottes ist der Mensch, der mit seinem ganzen Selbst lieben kann – mit Geist, Herz und Körper, »aus ganzem Herzen, aus ganzer Seele und mit all deiner Kraft«. Und zuallererst muß Gott mit dieser Ganzheit des Daseins, der Ausrichtung und des Verständnisses geliebt werden.

Die Liebe, die uns zu Menschen macht

Die Abfolge und der Aufbau der Zehn Gebote weisen schon darauf hin, daß die Ethik, der Bereich der menschlichen Beziehungen, aus der

Fähigkeit des Menschen zur Liebe des Ewigen abgeleitet ist – wie es auch Kierkegaard und andere gezeigt haben. Die ersten Gebote befassen sich eben mit der Beziehung der Menschheit zum Höchsten; erst wenn diese geklärt ist, folgen die Gebote, die zum »horizontalen« Aspekt des Lebens gehören, zur Pflege zwischenmenschlicher Beziehungen und Handlungen auf der individuellen und kollektiven Ebene. Liebe zum anderen ist von ihrem Ursprung her eine Ableitung oder, um genau zu sein, ein *Ergebnis* der Liebe zum Heiligen, zu Gott in uns und über uns.

Die ersten fünf Gebote betreffen die Beziehung des Menschen zu Gott und können als Erklärungen des grundlegenden Gebotes von Deuteronomium 6 gelesen werden: »Du sollst den Herrn, deinen Gott, aus ganzem Herzen, aus ganzer Seele und mit all deiner Kraft lieben.« Die Zehn Gebote stehen in Deuteronomium genau vor diesem grundlegenden Gebot der Liebe; in der häufiger zitierten und knapperen Fassung erscheinen sie auch im Buch Exodus.

Nun sprach Gott alle die folgenden Worte:
Ich bin der Herr dein Gott, der dich aus dem Lande Ägypten, dem Haus der Knechtschaft geführt hat.

(Exodus 20,1–2)

Diese Knechtschaft ist nicht nur wörtlich zu nehmen, ebenso ist sie die Knechtschaft, die Sklaverei unter dem Tyrannen im Selbst, dem »Pharao« der falschen Ichbezogenheit, der das Innenleben tyrannisiert.

Du sollst keine anderen Götter haben neben mir.
(Exodus 20,3)

Ersuche um Hilfe, Verständnis, Wohlergehen, alles, was du wirklich benötigst, bei der Quelle allen Seins und aller Güte. Wende dich nicht an etwas, das geringer ist als Gott, um das zu finden, was nur von Gott gegeben werden kann – Gott in dir und über dir. Dies entspricht dem Ausspruch von Jesus:

Denn nach all dem trachten die Völker der Welt; euer Vater aber weiß, daß ihr dessen bedürft.
Sucht vielmehr sein Reich, und dies wird euch dazugegeben werden.
(Lukas 12,30–31)

Zahllose Ansichten, Objekte der Begierde, Ängste, Freuden und Bedürfnisse, normale und unnormale, beherrschen unseren Geist und unser Herz und nehmen den Platz Gottes ein. Dies sind die eigentlichen »Götzenbilder« der Religionen Abrahams – Judentum, Christentum und Islam. Wie der heilige Augustinus so bewegend in seinen *Bekenntnissen* beschreibt, kann eines der wichtigsten Idole eine ganz bestimmte Art der Liebe für einen anderen Menschen sein. Augustinus spricht dort von seiner Erschütterung beim plötzlichen Tod seines liebsten Freundes, als sich beide auf der Höhe ihrer Jugend befanden. Er erkennt, daß er »ihn geliebt hatte, als müsse er nie sterben«.

> Gesegnet sind die, die dich lieben, o Gott, und ihre Freunde in dir lieben ... Sie allein werden niemals die verlieren, die ihnen lieb sind, denn sie lieben sie in einem, den sie nie verlieren, in Gott, unserem Gott, der Himmel und Erde erschuf und sie mit seiner Anwesenheit erfüllte, denn indem er sie erfüllte, erschuf er sie.*

Erst durch die lebensverändernde Entdeckung des heiligen Augustinus, daß wir einen anderen nicht wirklich lieben können, ohne diese Kraft oder dieses Wesen, unseren Schöpfer, zu lieben, oder zumindest *danach zu streben*, sind und *werden wir Menschen*.

Steinbildnisse

In Exodus wird uns im folgenden von den unvermeidlichen Konsequenzen berichtet, die eintreten, wenn wir Sinn und Glück in Objekten des Begehrens oder in Gedanken suchen, die wir von der

---

* Übersetzt nach St. Augustinus, *Confessions*, übers. v. R. S. Pine-Coffin, Baltimore (Penguin Books) 1961, S. 79–80.

Oberfläche unseres Selbst, aus unserem Ego projizieren. Die scharfe hebräische Kritik am Götzendienst darf nicht nur im Sinne eines melodramatischen, fantastischen Bildes gedeutet werden, das wir vielleicht von sogenannten »primitiven« oder »heidnischen« Völkern haben, die Steinbildnisse verehren, als seien die Steine Gott. Wir können diese kraftvollen biblischen Verbote viel innerlicher auffassen; sie wenden sich gegen die starren »Steinbildnisse«, an denen wir in unserer eigenen psychischen Welt der Gedanken, Empfindungen und Gefühle meißeln. Was in uns selbst kann uns denn tatsächlich Beistand und Bedeutung geben? Die Hebräer erkannten, wie jede große spirituelle Tradition der Geschichte, daß diese inneren Idole *nicht wirklich die Macht haben*, uns vollständig menschlich zu machen. Sie sind sogenannte »Lokalgottheiten«, sie vermitteln den *Anschein* von Macht, Wissen, Sinn. Aber was sie uns geben ist unwirklich, es widersteht den Mächten von Leben und Tod nicht, es öffnet uns nicht für unseren Nächsten. Diese Götzen sind falsche Götter – falsche *elohim* oder Herrscher.

Du sollst dir kein Schnitzbild machen, noch irgendein Abbild von dem, was droben im Himmel oder auf der Erde unten oder im Wasser unter der Erde ist:
Du sollst dich vor ihnen nicht niederwerfen und sollst sie nicht verehren: denn ich, der Herr, dein Gott, bin ein eifersüchtiger Gott, der die Schuld

der Väter an den Kindern, am dritten und vierten
Geschlecht nachprüft bei denen, die mich has-
sen.
Ich erweise aber meine Gnade bis ins tausendste
Geschlecht denen, die mich lieben und meine
Gebote halten.

(Exodus 20,4–6)

Die Grundlage der Moral

Es folgt das Verbot, den Namen Gottes leichtfertig
auszusprechen. In seiner eher innerlichen Bedeutung ist es ebenso eine Ermahnung, verschiedene
Ebenen der Wirklichkeit im Bereich der eigenen
Gefühle und des eigenen Verständnisses nicht zu
verwechseln. Das fünfte Gebot betrifft den Sab-
bath und die Notwendigkeit der Stille; es verlangt,
daß wir Gott in uns und über uns bewußt Zeit
widmen. Das Sabbath-Gebot ist eine der wenigen
Stellen im Alten Testament, die direkt auf etwas
hinweisen, dessen sich die moderne Welt jetzt unter dem Namen »Meditation« und »Kontemplation«
wieder entsinnt und das zweifellos auch zum Wissen oder den Methoden der hebräischen Religion
gehörte. Das Sabbath-Gebot weist auf die Existenz
jener spirituellen Wissenschaft in der alten hebräischen Tradition hin, die in den Religionen des
Ostens in vielfältigen Formen bewahrt wurde.
Die traditionelle Betonung des Familienlebens

und des Rituals in der jüdischen Religion kreist um die Verpflichtung von Mann und Frau, die religiöse Praxis des anderen zu unterstützen – dem nicht unähnlich, was wir »vermittelnde Liebe« genannt haben. Die Errichtung eines Heimes, die Erschaffung einer angemessenen materiellen Sicherheit, die Anleitung zur Erfüllung gleichwertiger, aber verschiedener Rollen in bezug auf Kinder, Gesundheit und einen zärtlichen Umgang miteinander – all dies gilt meist nicht dem eigenen Wohl oder ausschließlich geistigem Frieden, sondern dem gegenseitigen Beistand, damit jeder der beiden Partner mehr Freiraum für die Suche nach Gott erhält.

Erst nach den Geboten über die Beziehung eines Individuums zu Gott erhalten wir die Gebote über unsere Beziehungen zu anderen Menschen.

Ehre deinen Vater und deine Mutter, damit du lange lebst in dem Lande, das der Herr, dein Gott, dir gibt!
Du sollst nicht töten.
Du sollst nicht ehebrechen.
Du sollst nicht stehlen.
Du sollst kein falsches Zeugnis abgeben wider deinen Nächsten.
Du sollst nicht begehren deines Nächsten Haus; du sollst nicht begehren deines Nächsten Frau noch seinen Knecht, seine Magd, sein Rind, seinen Esel und nichts von dem, was deinem Nächsten gehört.

Das ganze Volk nahm die Donnerschläge, die Blitze, den Posaunenschall und den rauchenden Berg wahr; da fürchteten sich die Leute, zitterten und blieben von fern stehen.

(Exodus 20,12–18)

Diese Gebote sind die Grundlage jeder Moral, der östlichen als auch der westlichen. In keiner Zivilisation und in keiner Tradition spiritueller Weisheit stoßen wir auf eine wesentliche Abweichung von diesen Geboten über die Beziehungen des Menschen und sein Verhalten gegenüber seinem Nächsten. Sie sind da, damit wir sie üben und pflegen, auch gegen alle unsere Impulse und Begierden. Keine der großen Lehren im Kern der wirklich menschlichen Gesellschaftsformen gab sich jemals dem Traum hin, alle Menschen könnten sich spontan, aus ihrem Gefühl heraus, diesen Geboten entsprechend verhalten. Für die meisten von uns sind sie ganz offensichtlich Ideale, an denen wir unsere mögliche moralische Entwicklung und unsere tatsächliche moralische Unfähigkeit messen.

Sie können aber auch als Abbild der Gefühle und Taten höher entwickelter Menschen verstanden werden. Vermittelnde Liebe ist die Stütze, die zwei Menschen einander geben können, die danach streben und darum kämpfen, Männer und Frauen mit dem zu werden, was Gurdjieff *moralische Kraft* nennt.

Vermittelnde Ethik

In diesem Sinn können wir auch von *vermittelnder Ethik* sprechen, vermittelnder Moral. Als Ideal und Maßstab, an denen wir uns selbst messen, haben wir die alten Lehren der großen Traditionen: Regeln für die Lebensführung und das Verhalten, denen in ihrer uferlosen Anwendung auf alle Details des Lebens vielfach mit Zwang und Gesetzen Geltung verschafft werden muß, um die menschliche Gesellschaft intakt zu halten. Aber ihren Ursprung haben diese moralischen Gesetze im spontanen Verhalten von Menschen von fortgeschrittener innerer Entwicklung, von Männern und Frauen, in denen die Tiefe des Gewissens aktiviert ist. Die Zehn Gebote und ihre Entsprechungen in anderen spirituellen Lehren der Welt sind der natürliche Ausdruck der Essenz des göttlich-menschlichen Bewußtseins.

Sind wir offen für das größere Leben in uns, sind wir es auch für das Leben um uns herum, insbesondere für das menschliche Leben. Wir – die breite Masse der Menschen, die versuchen, ein anständiges Leben zu führen – wir möchten in unserem alltäglichen Leben den Gesetzen gehorchen, die auf den aus den Tiefen des menschlichen Bewußtseins entspringenden Geboten basieren – und äußerlich tun wir es meist. Wir gehorchen Gesetzen und Prinzipien, welche Spuren der göttlichen Wahrnehmung von außergewöhnlichen Menschen sind. Wir gehorchen ihnen nicht so sehr aus Neigung, sondern aus Pflicht. In uns widersteht vieles diesen Geboten, vieles sträubt sich gegen die Pflicht, die uns die Moralgesetze auf der Grundlage der Religion auferlegen. Wie es die Philosophen Kant und Hegel und nach ihnen Nietzsche ausdrückten: In uns, so wie wir sind, kämpft »du sollst« ständig mit »ich will«. Aber in dem Menschen, der wir durch inneren Kampf zu werden berufen sind, beginnen »du sollst« und »ich will« aufeinander zuzustreben. Ein ganz persönlicher, tiefer, spontaner Impuls strebt den Geboten des Gesetzes zu und verschmilzt letztendlich mit ihnen. Mit den Worten des heiligen Augustinus: »Liebe Gott und tu, was du willst.«

Aber zunächst müssen wir Gott lieben. Und Gott zu lieben ist nicht so einfach, die Fähigkeit dazu kommt im Menschen nicht automatisch zum Zuge. Wir müssen uns darum bemühen, und als ein Ideal, ein Ziel, ist sie eine der wichtigsten Vorgaben für die mögliche innere Entwicklung eines Menschen.

Die Weisheitslehren sprechen von einer Übung und einem Kampf, die zu jener Fähigkeit führen, Gott mit unserem ganzen Wesen zu lieben. Dieser Kampf hat seine eigenen Regeln und Gesetze und seine eigene *Ethik*. Es gibt eine *Ethik der Suche*. Sie besteht aus den Prinzipien, Gesetzen und Verpflichtungen, durch deren Beachtung Individuen sich gegenseitig in der Entwicklung der Fähigkeit unterstützen können, Gott zu lieben oder einfach

138

zu *sein.* Diese *Ethik der Suche* läßt sich nicht unbedingt in einem Buch oder einer Schrift niederlegen. Die Suche, oder – um ein großes Wort aus den spirituellen Traditionen zu verwenden – der *Weg* verkörpert Prinzipien, die man selbst fortwährend durch den eigenen, lebendigen Kampf entdecken muß.

Doch das Gespür für das Wesen der vermittelnden Liebe, den Wunsch, daß der andere wachsen möge, kann auf ganz natürliche Weise aus der klaren Wahrnehmung unserer eigenen innerlichen Situation hervorgehen. Erkennen wir unsere eigenen tiefsten Bedürfnisse und Wünsche, öffnet uns das für die Bedürfnisse und Wünsche im anderen. Und erkennen wir im anderen den Wunsch, den Kampf mit sich selbst aufzunehmen, so kann das unser Herz auf ähnlich spontane Weise für den anderen öffnen – so, wie das kein unwillkürlicher Impuls der Liebe oder Zuneigung vermag. Auf diese Weise entsteht die vermittelnde Ethik aus der vermittelnden Liebe, wie in der großartigen Welt der Weisheit und des Seins die wichtigen Gebote der Pflicht ursprünglich aus der mystischen Berührung mit Gott über uns und in uns entstehen.

Wir haben über die Liebe in den Lehren von Jesus und den Gesetzen von Moses gesprochen. Welche wichtigen Erkenntnisse über bewußte Liebe können andere Traditionen oder Persönlichkeiten beisteuern?

139

10.
Zwei Dichter: Rūmī und Rilke

Schauen wir uns an, was die Dichtkunst des Persers Jalāluddīn Rūmī aus dem 13. Jahrhundert, eines Meisters der inneren Suche in der Tradition des Islam, über den Sinn der bewußten menschlichen Liebe zu sagen weiß. Rūmīs Dichtung ist eine außergewöhnlich ergiebige Quelle klarer, poetischer Einsicht, die so präzise wie leidenschaftlich ist. Es ist nicht genau bekannt, wie er seine Gedichte schuf. Manche sagen, er habe sie nur als zweitrangigen und vielleicht sogar nebensächlichen Ausdruck seiner Erfahrung der Zustände innerer Freiheit angesehen. Auf jeden Fall lassen uns die in letzter Zeit erschienenen Übersetzungen seiner Schriften erkennen, daß die gewöhnliche menschliche Erfahrung des Verliebtseins tatsächlich ein deutlicher Anklang an die erhabenere Liebe für den Gott über uns und in uns sein kann.

Diese Dichtung geht über die Verwendung der sexuellen Liebe als literarische Metapher für göttliche Liebe hinaus. Sie zeigt, daß die zarten Leidenschaften und Leiden der Liebe, die von selbst zwischen Männern und Frauen entstehen, wie ein

Vorgeschmack sind, ein Wegweiser, welcher auf jenen Pfad der bewußten Liebe und Vereinigung hinweist, den man traditionell die »Vereinigung mit Gott« genannt hat.

Sich der bewußten Liebe öffnen

Indem sie von dem Gebrauch macht, was wir aus eigener Erfahrung von menschlicher Leidenschaft wissen, vermittelt die unglaublich schöne Dichtung Rūmīs einen genauen Eindruck von der Suche nach innerer Freiheit. In diesen Gedichten werden gleichzeitig Geist und Gefühl angesprochen. Mit der Sprache der unwillkürlichen Liebe zeigt uns Rūmī das Wesen der bewußten Liebe.

Schließlich, und das ist für unsere Fragestellung hier am wichtigsten, zeigt uns diese Dichtung – wie ein großer Teil aller spirituellen Liebesdichtung –, daß bewußte Liebe ein bewußtes Zulassen ist, nicht ein Machen, bei dem der Geist Körper und Herz etwas aufzwingt. Im Gegensatz zu den Absichten des Ego hat bewußte Liebe nichts Krampfhaftes, sich nach außen Abschottendes. Sie ist ein »Geheimnis im hellen Tageslicht«, eine Schwäche, die eigentlich Stärke ist. Sie ist der »Tod« des Geistes – das heißt, des dominierenden Geistes der Selbstsucht, und die Geburt der Vernunft, der wortlosen Einsicht in die Wirklichkeit und das höhere Selbst.

Nachdem du die ganze Nacht mit mir zusammen warst, fragst du, wie ich lebe, wenn du nicht da bist. Schlecht, verzweifelt, wie ein Fisch, der versucht trockenen Sand zu atmen. Du weinst und sagst: Aber genauso willst du es ja.*

»Du« ist der Gott in uns und über uns und der Weg zu diesem Gott. »Du« ist die menschliche Freude und der menschliche Sinn. Und immer wieder wende ich mich von »Dir« ab. Wir wenden uns ab von dem, was wir lieben, und von dem, was unsere innere Natur liebt. Dies ist ein genauer Eindruck. Jeder, der sucht, wird diese Erfahrung bestätigen. Die vermittelnde Liebe zwischen zwei Menschen kann ihnen helfen, ihre Energien immer wieder darauf zu wenden, sich dieser Wahrheit erneut zu stellen. Aus dieser Konfrontation entsteht eine tiefe Sehnsucht, ein Gefühl des Mangels, das zur stärksten Kraft im menschlichen Leben werden kann, ähnlich der leidenschaftlichen Sehnsucht eines Mannes und einer Frau füreinander. Tatsächlich klingen ja in dieser Sehnsucht der menschlichen Leidenschaft das Echo und die Resonanz der Sehnsucht nach innerer Berührung mit jener Kraft an, die uns zu Menschen macht – die Sehnsucht nach Gott, dem Schöpfer.

* Übersetzt nach John Moyne und Coleman Barks, *Unseen Rain: Quatrains of Rumi*, Putney, Vermont (Threshold Books) 1986, S. 25.

In mir gibt es keine Liebe ohne dein Sein,
keinen Atem ohne das. Ich dachte einst,
ich könnte diese Sehnsucht aufgeben,
dann dachte ich wieder
Aber ich könnte dann nicht länger Mensch
sein.*

Der du den Zucker auflöst, löse auch mich auf,
wenn jetzt die Zeit gekommen ist.
Tu es sanft, mit einer Berührung deiner Hand
oder einem Blick.
Jeden Morgen warte ich im Morgengrauen.
Schon einmal geschah es da.
Oder tu es plötzlich wie eine Hinrichtung. Wie
anders
kann ich mich auf den Tod vorbereiten?
Du atmest ohne einen Körper wie ein Funke.
Du trauerst, und ich beginne, mich leichter zu
fühlen.
Du hältst mich fern mit deinem Arm,
aber fernhalten ist, als zögest du mich hinein.**

Liebende, in denen solche Lehren ein Echo finden, können etwas Neues über die gemeinsamen
Tage und Jahre von Menschen erfahren, die sich
darum bemühen, an ihrer Liebe zu arbeiten. Wer
diese Arbeit ernst nimmt, wird verstehen, daß

* Übersetzt nach *Unseen Rain*, S. 76.
** Übersetzt nach John Moyne und Coleman Barks, *Open
Secrets: Versions of Rumi*, Putney, Vermont (Threshold Books)
1974, S. 70.

kein Mensch die Sehnsucht stillen kann oder sollte, von der Rūmī spricht. Kein Mensch kann jemals Gott für einen anderen sein. Und es stellt sich die Frage: Wieviel von dem, was wir als Liebe bezeichnen, ist eigentlich der Versuch, für einen anderen Gott zu sein oder den anderen für uns zu Gott zu machen? Die vermittelnde Liebe versteht dies. Unerklärlicherweise erschafft das beiderseitige Verständnis dieser grundlegenden Wahrheit eine Bindung zwischen Menschen, der keine andere Bindung gleicht. Sie schmiedet sie in weitaus größerem Maß zusammen, als romantische Träume sich jemals ausmalen könnten. Wir brauchen dringend Berichte von Männern und Frauen, die versucht haben, auf diese Weise zu lieben. Ich denke, wir brauchen solche Berichte – vielleicht nur geflüstert – sehr viel dringender als das ständige Gerede unserer Kultur über die Automatismen der Liebe.

Rilke: Die Lehrzeit der Liebe

Ein solcher »Bericht« kommt von dem großen modernen Dichter Rainer Maria Rilke. Er kann Menschen, die ihn als solchen erkennen, tief beeinflussen. – Wenn Rilke hier auch von »jungen Menschen« spricht, gilt das, was er sagt, natürlich für uns alle, ganz gleich welchen Alters.

144

Da habe ich immer und immer wieder erfahren, daß es kaum etwas Schwereres gibt, als sich lieb haben. Daß das Arbeit ist, Tagelohn, Tagelohn; weiß Gott, es gibt kein anderes Wort dafür. Sieh, und nun kommt noch dazu, daß die jungen Menschen auf so schweres Lieben nicht vorbereitet werden; denn die Konvention hat diese komplizierteste und äußerste Beziehung zu etwas Leichtem und Leichtsinnigem zu machen versucht, ihr den Schein gegeben, als könnten sie alle. Dem ist nicht so. Liebe ist etwas Schweres, und sie ist schwerer denn anderes, weil bei anderen Konflikten die Natur selbst den Menschen anhält, sich zu sammeln, sich ganz fest mit aller Kraft zusammenzufassen, während in der Steigerung der Liebe der Anreiz liegt, sich ganz fortzugeben. Aber denke doch nur, kann das etwas Schönes sein, sich fortzugeben nicht als Ganzes und Geordnetes, sondern so dem Zufall nach, Stück für Stück, wie es sich trifft? Kann solche Fortgabe, die einem Fortwerfen und Zerreißen so ähnlich sieht, etwas Gutes, kann sie Glück, Freude, Fortschritt sein? Nein, sie kann es nicht ... Wenn Du jemandem Blumen schenkst, so ordnest Du sie vorher, nicht wahr? Aber junge Menschen, die sich lieb haben, werfen sich einander hin in der Ungeduld und Hast ihrer Leidenschaft, und sie merken gar nicht, welcher Mangel an gegenseitiger Schätzung in dieser unaufgeräumten Hingabe liegt, merken es erst mit Staunen und Unwillen an dem Zer-

145

würfnis, das aus aller dieser Unordnung zwischen ihnen entsteht. Und ist erst Uneinheit unter ihnen, dann wächst die Wirrnis mit jedem Tage; keiner von den beiden hat mehr etwas Unzerschlagenes, Reines und Unverdorbenes um sich, und mitten in der Trostlosigkeit eines Abbruchs suchen sie den Schein ihres Glückes (denn um des Glückes willen sollte all das doch sein) festzuhalten. Ach, sie vermögen sich kaum mehr zu entsinnen, was sie mit Glück meinten. In seiner Unsicherheit wird jeder immer ungerechter gegen den anderen; die einander wohltun wollten, berühren einer den anderen nun auf herrische und unduldsame Art, und im Bestreben, aus dem unhaltbaren und unerträglichen Zustand ihrer Wirrnis irgendwie herauszukommen, begehen sie den größten Fehler, der an menschlichen Beziehungen geschehen kann: sie werden ungeduldig. Sie drängen sich zu einem Abschluß, zu einer, wie sie glauben, endgültigen Entscheidung zu kommen, sie versuchen ihr Verhältnis, dessen überraschende Veränderungen sie erschreckt haben, ein für allemal festzustellen, damit es von nun an *ewig* (wie sie sagen) dasselbe bleibe. Das ist nur der letzte Irrtum in dieser langen Kette von einander festhaltenden Irrungen ...

Und jetzt läßt uns Rilke erahnen, was Liebe als Ergebnis einer Bemühung sein kann:

146

Leben ist ja gerade Sichverwandeln, und menschliche Beziehungen, die ein Lebensextrakt sind, sind das Veränderlichste von allen, steigen und fallen von Minute zu Minute, und Liebende sind diejenigen, in deren Beziehung und Berührung kein Augenblick dem anderen gleicht ...

Es gibt solche Verhältnisse, die ein sehr großes, fast unerträgliches Glück sein müssen, aber sie können nur zwischen sehr reichen Menschen eintreten und zwischen solchen, die jeder für sich, reich, geordnet und versammelt sind, nur zwei weite, tiefe, eigene Welten können sie verbinden. – Junge Menschen – das liegt auf der Hand – können ein solches Verhältnis nicht gewinnen, aber sie können, wenn sie ihr Leben recht begreifen, langsam zu solchem Glück anwachsen und sich vorbereiten dafür. Sie müssen, wenn sie lieben, nicht vergessen, daß sie Anfänger sind, Stümper des Lebens, Lehrlinge in der Liebe – müssen Liebe *lernen*, und dazu gehört (wie zu *jedem* Lernen) Ruhe, Geduld und Sammlung!

... Die Leute haben, wie so vieles andere, auch die Stellung der Liebe im Leben mißverstanden, sie haben sie zu Spiel und Vergnügen gemacht, weil sie meinten, daß Spiel und Vergnügen seliger denn Arbeit sei; es gibt aber nichts Glücklicheres als die Arbeit, und Liebe, gerade weil sie das äußerste Glück ist, kann nichts anderes als Arbeit sein. – Wer also liebt, der muß versuchen, sich zu benehmen, als ob er eine große Arbeit hätte: er muß viel allein sein und in sich gehen und sich zusammenfassen und sich festhalten; er muß arbeiten; er muß etwas werden!

Denn glaube mir, je mehr man ist, je reicher ist alles, was man erlebt. Und wer in seinem Leben eine tiefe Liebe haben will, der muß sparen und sammeln dafür und Honig zusammentragen.

Hier ist deutlich, daß Rilke nicht nur davon spricht, wie zwei Menschen das Innenleben des anderen nähren können. Er spricht von der Fähigkeit zu lieben als Ergebnis der inneren Suche. Eine Ebene der bewußten Liebe wird von Anfang an von uns verlangt. Eine andere entspricht der Fähigkeit eines weiter entwickelten Menschen.

Wer ernst hinsieht, findet, daß, wie für den Tod, der schwer ist, auch für die schwere Liebe noch keine Aufklärung, keine Lösung, weder Wink noch Weg erkannt worden ist; und es wird für diese beiden Aufgaben, die wir verhüllt tragen und weitergeben, ohne sie aufzutun, keine gemeinsame, in Vereinbarung beruhende Regel sich erforschen lassen. Aber in demselben Maße, in dem wir beginnen als einzelne das Leben zu versuchen, werden diese großen Dinge uns, den einzelnen, in größerer Nähe begegnen. Die Ansprüche, welche die schwere Arbeit der Liebe an unsere Entwicklung stellt, sind überlebensgroß, und wir sind ihnen, als Anfänger, nicht gewachsen. Wenn wir aber doch aushalten und diese Liebe auf uns nehmen als Last und Lehrzeit, statt uns zu verlieren an das leichte und leichtsinnige Spiel, hinter dem die Menschen sich vor dem ernstesten Ernst ihres Daseins verborgen haben, – so wird ein kleiner Fortschritt und eine Erleichterung denen, die lange nach uns kommen, vielleicht fühlbar sein; das wäre viel.

Schließlich liegt das Verlangen zu lieben – sexuell und auf andere Weise – und auch die Möglichkeit, bewußt zu lieben, in unserem Wesen als Menschen, als Glieder in der Kette der Generationen. Wir können nicht umhin, dieses Geheimnis an diejenigen weiterzugeben, die nach uns kommen.

Lassen sie sich nicht beirren durch die Oberflächen; in den Tiefen wird alles Gesetz. Und die das Geheimnis falsch und schlecht leben (und es sind sehr viele), verlieren es nur für sich selbst und geben es doch weiter wie einen verschlossenen Brief, ohne es zu wissen.*

* 1. und 2. Zitat: Brief an Friedrich Westhoff, 29. April 1904; 3.: Brief an Franz Xaver Kappus, 14. Mai 1904; 4.: Brief an Kappus, 16. Juli 1903.

11.

Die Macht der unpersönlichen Liebe

Wenn wir uns nun der Unermeßlichkeit Indiens
zuwenden, begegnen wir einem Gedanken, in
dem nicht weniger als in der christlichen Agape
das Geheimnis einer zugleich leidenschaftlichen
und unparteiischen Liebe anklingt. Der Begriff
Bhakti in den Traditionen Indiens bedeutet Hingabe, Unterwerfung der zahlreichen persönlichen
Begierden unter den einzigen Willen des Göttlichen. Aber eine so einsgerichtete bewußte Unterwerfung erfordert einen langen und schwieri-
gen Kampf gegen die Neigungen des Egos,
Neigungen entweder zu Sentimentalität, Angst
und sinnlicher Zerstreuung oder zu kalter, arro-
ganter Logik. Das Wort Bhakti bezeichnet daher
eine Fähigkeit zur Hingabe, die sich weit über jene
emotionale Spannung erhebt, die unsere gewöhnlichen Erfahrungen der Liebe so häufig beein-
trächtigt. Wie Agape entwickelt sich Bhakti im Individuum durch den Kampf, in dem sie sich selbst
aus der Verstrickung in die persönlichen Gefühle
befreit.

Die unbekannte Welt der Gefühle

Wie die christliche Liebe weist Bhakti auf eine neue Qualität des Gefühlslebens, der wir im Verlauf des gewöhnlichen Lebens nur selten nahe kommen. Manchmal erlangen wir in tragischen oder freudigen Augenblicken des Lebens einen kurzen Blick auf diese Gefühlsqualität, aber solche Erfahrungen werden dann später üblicherweise nur als Intensivierung unserer vertrauteren Gefühle interpretiert. Wir erkennen nicht, daß wir in bestimmten, seltenen Augenblicken – in denen wir zum Beispiel alles riskieren, um einem anderen zu helfen, oder in denen wir dem Tod gegenüberstehen – an eine bisher vollständig unbekannte Fähigkeit zur Liebe in uns selbst rühren.

Die Vorstellung einer großen, unbekannten Welt der Gefühle ist so wichtig wie die uns vertrauteren Vorstellungen über höheres Wissen oder höhere Gedankenkräfte. Wenn in der Literatur und Philosophie über die Möglichkeiten des Wachstums und der Entwicklung des Menschen spekuliert wird – in der Science fiction zum Beispiel –, geht es üblicherweise nur um die Entwicklung des Geistes. Es ist viel schwieriger, sich die mögliche Entwicklung der Gefühlsfunktionen vorzustellen, wenn man nur im Kontext einer rein geistigen oder körperlichen Entwicklung denkt.

Allerdings werden in den Lehren aller Religionen und spirituellen Philosophien Männer und Frauen beschrieben, in denen das Gefühlsleben sehr hoch entwickelt war – oder vielmehr, um genauer zu sein, in denen eine uns im allgemeinen gänzlich unbekannte Dimension der Gefühle zum Tragen kam. Was sind denn die Vorbilder der christlichen Heiligen und anderer heiliger Menschen der Welt, solcher Gestalten wie Sokrates, wenn nicht Beschreibungen des Wirkens uns noch unbekannter, höherer Gefühle – die wir auch *unpersönliche Liebe* nennen könnten?

Es bringt uns gar nichts, wenn wir diese Berichte so auffassen, als sei diese Fähigkeit unseren eigenen, subjektiven Gefühlen vergleichbar, um dann daraus zu schließen, wir könnten sie mühelos oder aber durch das, was wir normalerweise unter Anstrengung verstehen, erlangen. Diese unbekannte Dimension der Gefühle ist nicht weniger ein Geheimnis als das *Noumenon* von Kant oder die »Welt hinter dem Schleier«, von der einige Traditionen sprechen. Dennoch ist sie zugleich *unser Potential*. Die Weisheitslehren fordern uns auf, sie zu nutzen.

Die Bhagavad-Gītā

Wir wollen uns ansehen, wie Bhakti von der *Bhagavad-Gītā* definiert wird, der weltweit am meisten verehrten heiligen Schrift Indiens. Der Gott Krishna spricht in diesem »Gesang des Erhabenen« zum Krieger Arjuna; dieser vertritt den

Menschen, der mit großer Intensität um den *Weg* der inneren Transformation kämpft.

Diese besondere Stelle der *Gītā* mit ihrer Auflistung der das Wesen von Bhakti bestimmenden Merkmale sollte sicherlich mehr als einmal und eher langsam gelesen werden. Dabei sollten wir versuchen uns vorzustellen, wie wir tatsächlich auf die hier angesprochenen Lebenssituationen reagieren; Situationen, in denen wir verletzt werden, in denen uns jemand schmeichelt, falsch beschuldigt, ignoriert oder schlägt.

Es ist schwierig, vielleicht unmöglich, diese alltäglichen Emotionen, die uns ständig zwischen Glück und Verzweiflung taumeln lassen und fast immer um die Liebe in ihren zahlreichen Aspekten kreisen, in der Vorstellung wachzurufen. Versuchen wir aber, uns an die verblüffende Kraft selbst der winzigsten Kränkung und Angst oder unerwarteten Dankbarkeit zu erinnern oder daran, wie unbeugsam kalter Groll, Haß und Verachtung unsere Gefühle und unseren Körper im Griff haben können, so erhalten wir einen Eindruck der Ebene menschlicher Verwirklichung, die hier als Bhakti bezeichnet wird.

Wer schon einmal wirklich versucht hat, das Leben der unpersönlichen Liebe konkret zu leben, wer versucht hat, andere Menschen als einzigartige Manifestationen Gottes zu sehen – wie auch immer dieser Gott genannt wird –, der kann die Unermeßlichkeit dieser Aufgabe bezeugen und damit das Ausmaß innerer Freiheit derjenigen, deren Motivationen tatsächlich von diesem Ideal bestimmt sind.

Hier also die Merkmale von Bhakti nach der *Gītā*, von Bhakti als selbstloser Hingabe an das Göttliche und als innere Beschaffenheit des Menschen, der zu solcher Hingabe fähig ist.

Krishna spricht:

Diejenigen, die ihr Herz auf mich setzen und mich mit unerschütterlicher Hingabe und unerschütterlichem Glauben verehren, sind fester im Yoga [der spirituellen Disziplin] gegründet ...

Doch gefährlich und langsam ist der Pfad zum Verborgenen, mit einem menschlichen Körper schwer zu beschreiten. Aber diejenigen, für die ich das höchste Ziel bin, die keine Mühe scheuen, ihr Ich für mich aufzugeben und die mit einsgerichteter Hingabe über mich meditieren, diese werde ich schnell aus dem ... Zyklus von Geburt und Tod befreien, denn ihr Bewußtsein ist in mich eingetreten.

Nun spricht Krishna davon, wie wir unseren Fähigkeiten und Schwächen entsprechend nach dieser inneren Befreiung vom sinnlosen Aufruhr der Illusionen streben können:

Beruhige deinen Geist in mir, beruhige deinen Intellekt in mir, und du wirst zweifellos für immer mit mir vereint sein. Kannst du deinen Geist nicht in mir beruhigen, lerne dies durch die regelmäßige Übung der Meditation. Wenn es dir an Willen zu einer solchen Selbstdisziplin fehlt, widme dich meinem Dienst, denn selbstloser Dienst kann dich zu guter Letzt zur vollständigen Erfüllung führen.

Wenn ein Mensch nicht in der Lage ist, einen dieser Wege auszuüben, bleibt noch eine letzte Methode: im Leben zu handeln, ohne am Ergebnis der Taten zu hängen, ganz gleich, ob es nun gut oder schlecht ist.

> Wenn du selbst dazu nicht fähig bist, ergib dich mir, indem du dich disziplinierst und die Ergebnisse all deiner Handlungen aufgibst ...

Der Zustand, zu dem solche Praktiken den einzelnen führen, wird nun folgendermaßen dargestellt:

> Den liebe ich, der unfähig zu bösem Willen ist, der freundlich ist und mitfühlend. Der jenseits der Reichweite von *ich* und *mein* und von Lust und Schmerz lebt, geduldig, zufrieden, selbstbeherrscht, fest im Glauben, mir von ganzem Herzen und Geist hingegeben – solch einen liebe ich.
> Weder versetzt er die Welt in Aufruhr, noch wird er von ihr aufgewühlt, er steht über der Flut freudiger Erregung, des Wettstreits und der Angst: er ist mein Geliebter.

Er ist gelöst, rein, tüchtig, unparteiisch, niemals ängstlich, selbstlos in all seinen Unternehmungen, er ist mir hingegeben, mir sehr lieb.

Er ist mir lieb, der nicht der Lust nachläuft oder dem Schmerz entflieht, der nicht trauert und nicht lüstern ist, sondern der die Dinge kommen und gehen läßt, wie sie geschehen.

Der Schüler, der Freund und Feind mit gleicher Wertschätzung betrachtet, der durch Lob keinen Auftrieb erhält noch durch Tadel niedergeschlagen wird, der in Hitze oder Kälte derselbe ist, in Freude und Leid, frei von selbstsüchtigem Anhaften, derselbe in Ruhm und Schmach, still, immer erfüllt, immer in Harmonie, fest im Glauben – solch einer ist mir lieb.*

Was wir über unpersönliche Liebe wissen

Solche Passagen, und die heiligen Schriften der Welt sind voll von ihnen, führen uns immer wieder zu der Notwendigkeit, realistisch einzuschätzen, was uns, so wie wir sind, tatsächlich möglich ist. Wenn wir ehrlich sind, wissen wir, daß eine derartige unpersönliche, selbstlose Liebe – eine Liebe völlig unabhängig von den Mechanismen der Vorlieben und Abneigungen des Körpers und

* Übertragen nach der englischen Übersetzung von Eknath Easwara, Petaluma, Calif. (Nilgiri Press) 1985, S. 162–64.

den Wünschen und Ängsten, zu denen unsere
Psyche seit der frühesten Kindheit konditioniert
wurde – für uns ein Ideal bleibt und keine unserer Eigenschaften darstellt oder einen Gefühlszustand, den wir tatsächlich erleben. Gleichzeitig
zeigt eine ehrliche Überprüfung unseres Innenlebens, daß es in unserem Leben durchaus Momente gibt, in denen wir einer derartigen Liebe
nahekommen, sie vielleicht tatsächlich erfahren.

In Situationen großer Gefahr für Leib und Leben zum Beispiel kann es geschehen, daß ein
Mensch persönliche Gefühle augenblicklich beiseite läßt und nur zum Wohl eines anderen handelt. In Zeiten großer Trauer, gleich nach dem Tod
eines geliebten Menschen, geschieht es oft, daß
jeglicher Egoismus schwindet und keine Spur
persönlicher Gefühle wie Ärger, Groll, Selbstmitleid oder des Impulses zu persönlichem Gewinn
verbleibt. Wenn sich diese persönlichen Gefühle
zurückziehen, erscheint eine völlig neue und
doch eigenartig vertraute Gefühlsqualität. In diesem Zustand betrachten wir jeden, der unseren
Weg kreuzt, mit Ruhe, ja sogar Anteilnahme. Es
ist uns dann unmöglich, verstört oder »negativ«
zu sein, und dennoch ist diese Ruhe weit entfernt
von Kälte. Sie ist wie eine Flamme ohne Rauch,
reines Licht und Wärme. Tatsächlich ist sie ein
Vorgeschmack der Liebe, die uns in den heiligen
Schriften und den Geschichten heiliger Menschen beschrieben wird.

Was wir vermittelnde Liebe nennen, beruht auf

157

dem Wunsch, in jeder Lebenssituation zu solcher Liebe fähig zu sein. Aber vermittelnde Liebe erkennt, daß dies schwer zu verwirklichen ist und ohne Zweifel einen fortwährenden Kampf erfordert. Sich einem anderen Menschen gegenüber so zu verhalten, daß sein eigener Kampf unterstützt wird, ist die vermittelnde Liebe in ihrer umfassenden Bedeutung. Handeln wir gegenüber dem Menschen, mit dem wir unser Leben teilen, auf diese Weise, so nähern wir uns einem transzendenten Sinn in diesem teils wunderbaren und teils quälenden Kreislauf von Freude und Kummer, der unser ganzes Zusammenleben bestimmt, ganz gleich, wie dieses mit dem Maßstab der Gesellschaft beurteilt werden mag.

Kann es sein, daß die Vorstellung der Ehe als einem *Sakrament* auf der Notwendigkeit einer solchen vermittelnden Liebe zwischen zwei Menschen basiert? Daß also zwei Menschen sozusagen in den Zwischenräumen eines Lebens, welches sich einer Familie widmet und einem Dienst an der menschlichen Gesellschaft, das innere Ziel verfolgen können, die Suche des anderen nach dem, was über die Familie und Gesellschaft hinausgeht, zu bezeugen und zu unterstützen?

Zum Thema der Möglichkeit bewußter Liebe und der Bedeutung unpersönlicher Emotionen bietet uns P. D. Ouspensky, ein Philosoph des 20. Jahrhunderts und Schüler von Gurdjieff, eine Vision beträchtlicher Kraft und Originalität:

Das Zeichen für das Wachstum der Gefühle ist ihre Befreiung vom *persönlichen Element* und ihr Übergang zu höheren Ebenen. Die Befreiung von persönlichen Elementen erhöht die Erkenntniskraft der Gefühle, da die Möglichkeit zur Verblendung um so größer ist, je mehr persönliche Elemente die Gefühle beinhalten. Ein persönliches Gefühl ist immer *parteiisch*, immer *ungerecht*, und sei es nur aus dem Grund, daß es *sich selbst* allem anderen entgegenstellt ...

Genauso wie es in bezug auf sich selbst falsch ist, alles vom Standpunkt *eines Gefühls* zu bewerten und es damit allen anderen entgegenzustellen, so ist es falsch, in bezug auf die Welt und die Menschen alles vom Standpunkt eines einzigen, zufälligen, eigenen »Ichs« zu bewerten, indem das Selbst eines gegebenen Augenblicks allem Übrigen entgegengesetzt wird.

So besteht das Problem der richtigen gefühlsmäßigen Erkenntnis darin, in bezug auf Menschen und die Welt *von einem anderen Standpunkt als dem persönlichen zu fühlen.* Und je größer der Kreis ist, *für den* ein bestimmter Mensch fühlt, um so tiefer ist die Erkenntnis, die seine Gefühle gewähren. Aber nicht alle Emotionen sind im gleichen Maße dazu fähig, frei von *Elementen des Ich* zu sein. Manche Gefühle sind schon von ihrem Wesen her *spaltend*, trennend, entfremdend und lassen einen Menschen sich als Einzelwesen, als getrennt empfinden; dies sind Haß, Angst, Eifersucht, Stolz, Neid ... Und

es gibt Gefühle, die *vereinen*, zusammenbringen, und einen Menschen veranlassen, sich als
Teil eines großen Ganzen zu fühlen; dies sind
Liebe, Sympathie, Freundschaft, Mitgefühl,
Liebe zur Heimat, Liebe zur Natur, Liebe zur
Menschheit ... Gefühle der zweiten Art lassen
sich leichter von Elementen des Ich befreien als
Gefühle der ersten Art. Nichtsdestoweniger kann
es auch *unpersönlichen* Stolz geben – Stolz auf
eine Heldentat, die ein *anderer Mensch* vollbracht hat. Es kann sogar *unpersönlichen Neid*
geben, wenn wir einen Menschen beneiden,
der sich selbst besiegt hat, sein *persönliches*
Verlangen, zu leben besiegt hat, sich selbst für
etwas geopfert hat, das jeder als *richtig* und *ge-
recht* empfindet und zu dem sich andere Menschen dennoch nicht durchringen können,
woran sie selbst nicht einmal zu denken wagen,
aus Schwäche und Hängen am Leben. Es kann
unpersönlichen Haß geben – Haß auf Unge-
rechtigkeit, Gewalt, Zorn über Dummheit, auf
Stumpfheit, Abneigung gegen Verdorbenheit,
gegen Heuchelei. Diese Gefühle erheben und
reinigen zweifellos die Seele des Menschen und
helfen ihm, Dinge zu *sehen*, die er anders nicht
sehen würde.
Christus war durchaus nicht mild oder sanft-
mütig, als er die Geldwechsler aus dem Tempel
vertrieb oder seine Meinung über die Pharisäer
sagte. Und es gibt Fälle, in denen Milde oder
Sanftmut überhaupt keine Tugenden sind. Die

Gefühle der Liebe, der Sympathie, des Mitleids
wandeln sich sehr leicht in Sentimentalität, in
Schwäche ... Die Schwierigkeit, Gefühle in Kate-
gorien einzuteilen, wird durch die Tatsache noch
größer, daß alle Gefühle höherer Ordnung aus-
nahmslos auch persönlich sein können. Dann
unterscheidet sich ihre Wirkung nicht von derjenigen der anderen Kategorie.*

* P. D. Ouspensky, *Tertium Organum*, New York (Alfred
A. Knopf) 1981, S. 185–87.

12.
Liebe in die Tat umsetzen

Sprechen wir von vermittelnder Liebe, meinen wir weder die leidenschaftliche Liebe des persönlichen Begehrens noch die reine, unpersönliche Liebe der spirituellen Traditionen der Welt, die Gottes Liebe zum Menschen offenbaren oder die Liebe der Verkörperungen Gottes – des christlichen Erlösers, des hebräischen Propheten oder Zaddik, des Shaikh der Sufis, des Gurus der Hindus, des Bodhisattva der Buddhisten. Vermittelnde Liebe ist uns gewöhnlichen Männern und Frauen möglich, geht aber dennoch einen Schritt über die Leidenschaften unseres biologischen Erbes und die Mechanismen unserer Gewohnheiten und Kultur hinaus. Diese Liebe ist bewußter als Leidenschaft, aber noch nicht die Kraft des bewußten Gebens und der bewußten Hingabe von Agape oder Bhakti. These dieses Buches ist, daß das Ideal der beständigen Liebe zwischen einem Mann und einer Frau uns dazu auffordert, eine Liebe zu leben, die weder rein leidenschaftlich, noch rein spirituell ist.

Oder sollten wir lieber sagen, daß vermittelnde Liebe aus *beidem*, der persönlichen und der unpersönlichen Liebe besteht? Tatsächlich weisen die *praktischen* Weisheitslehren auf eine Liebe, die genau das ist – eine Liebe mit *sowohl* der persönlichen Intensität des subjektiven Begehrens *als auch* dem selbstlosen Wunsch nach dem Wohlergehen eines anderen.

Buddhismus

Die buddhistische Tradition zum Beispiel schärft ihren Anhängern ein, alle Menschen als Individuen zu sehen, die nach Erleuchtung streben. Obwohl die Ethik des Buddhismus alle Aspekte des Lebens berührt – körperliche, persönliche und familiäre –, soll der Buddhist andere *in erster Linie* als Wesen sehen, die sich, bewußt oder unbewußt, nach der inneren Freiheit des *Nirvāna* sehnen. Das Leiden aller Wesen wird nach dieser Anschauung im wesentlichen dadurch verursacht, daß sie für die wahre Natur ihres Selbst vollständig blind sind. Während er liebt und für die Seinen sorgt, für den Gefährten oder die Gefährtin, den Sohn oder die Tochter, Mutter oder Vater, versucht ein Buddhist, andere vor allem in ihrem Bedürfnis nach metaphysischer Hilfe wahrzunehmen.

Zweifelsohne wurde dieses Ideal, für andere gleichermaßen in ihrer Eigenschaft als Individuen mit körperlichen und emotionalen Bedürfnissen zu sorgen *und* mit dem Bedürfnis nach Selbsterkenntnis, am intensivsten in der Gemeinschaft der Schüler der Lehre geübt, dem sogenannten *Sangha*. Um zu einer derartigen, zweifachen Liebe fähig zu sein, muß ein Mensch diesen dualen Aspekt des menschlichen Lebens in sich selbst verstehen. Im eigenen Ich gibt es sowohl die Wünsche, die zum Körper und dem sozialen »Ich« gehören *als auch* jenes Streben, das von dem Buddha oder der erwachten Natur in uns zeugt. Das schärfste Bewußtsein für diesen Bereich des menschlichen Lebens besitzen die Menschen, die in der tieferen Bedeutung des Begriffes die »Versammlung« der Suchenden bilden, diejenigen, die »in den Strom eingetreten« sind, den Strom der inneren Suche. Dennoch fordert der Buddhismus dazu auf, *alle* Wesen als – in einem tiefen Sinn – Suchende nach Wahrheit zu betrachten.

Auf welche Weise versuchten die Mitglieder der frühesten buddhistischen Gemeinschaft miteinander zu arbeiten? Welche Art der Fürsorge für den anderen galt als Ideal für diese Individuen, die zusammen lebten und suchten – mit all den emotionalen Bedürfnissen und Widersprüchen, die enge menschliche Beziehungen unweigerlich auf die Probe stellen? Wie konnte dieses glanzvolle Ideal der unpersönlichen Liebe für alle Wesen unter dem Druck all der Gefühle und Reaktionen von Menschen bestehen, die nicht ferne Fremde, unbekannte »Nächste« waren, son-

dern die sich täglich aneinander rieben? Es ist
sehr gut möglich, daß genau in einem derartigen
Rahmen – überall auf der Welt, wo spirituelle Ge-
meinschaften entstehen – die Praxis der vermittelnden Liebe entsteht und entwickelt wird, um
dann bis zu einem bestimmten Punkt in die
größere Welt der einzelnen Männer und Frauen
in ihrem gewöhnlichen Zusammenleben überzu-
gehen.

Aus der Zeit ungefähr 500 Jahre vor Christi
Geburt spricht der folgende Ausschnitt aus einer
buddhistischen Schrift, dem »Sūtra der Liebenden
Güte«, über das Ideal, nicht nur der unpersönlichen Liebe, sondern des *Strebens* nach unpersönlicher Liebe, über das *Bemühen*, das zu selbstloser Liebe führt:

Möge niemand einen anderen hintergehen oder
irgendein Wesen aus welchem Grund auch immer verachten; möge niemand einem anderen
durch Ärger oder Haß Böses wollen.
Wie eine Mutter über ihrem Kind wacht, willig,
mit dem Einsatz ihres eigenen Lebens ihr einziges Kind zu schützen, so sollte man mit
einem grenzenlosen Herzen allen lebenden
Wesen zugetan sein, die ganze Welt mit unge-
hinderter liebender Güte überströmen.
Möge man sich im Stehen oder Gehen, Sitzen
oder Liegen, während all der wachen Stunden,
dieses Geistes und dieser Art des Lebens entsinnen; es ist die beste auf der Welt.

Nicht anhaftend an Spekulationen, Meinungen und Sinnesbegierden, mit klarer Einsicht, wird ein solcher Mensch niemals im Zyklus des Leidens wiedergeboren werden.

Solche Ratschläge werden vor dem Hintergrund des Kampfes, der inneren Suche erteilt, von den Buddhisten »Sammlung« genannt. »Im Stehen oder Gehen, Sitzen oder Liegen« – also zu jeder Zeit im Wachzustand – wird vom Individuum verlangt, an die Fähigkeit in sich selbst zu denken, das Wohl aller Menschen und aller Lebewesen zu wünschen. Aber eine derartige, ständige liebevolle Achtsamkeit geschieht nicht automatisch. Ein solcher liebevoller Wille erfordert Arbeit – ganz gleich, was gelegentlich über »Mühelosigkeit« zu hören ist.

Unser Interesse richtet sich jedoch nicht so sehr auf das Leben in der Gemeinschaft der Suchenden – also die Lebensbedingungen und das menschliche Miteinander im Kloster. Die Frage ist: Kann dieses Ideal in gewissem Maß in das Leben individueller Menschen getragen werden, die sich in ihrem gemeinsamen Leben um die Liebe bemühen? *Das* war das Thema dieses Buches. Und die Antwort auf diese Frage liegt sicherlich in unserem Wunsch, die Suche des anderen nach innerer Freiheit und Wahrheit zu achten und in dem praktischen Verständnis davon, wie diese Suche inmitten der Details des Lebens unterstützt werden kann, inmitten der erlesenen Leiden-

schaft und Zärtlichkeit, der Freuden und Leiden
und Ängste, der Spannungen, der Arbeit und des
Spiels, der Zerstreuungen und Zwänge, der Lan-
geweile und Aufregung im Kreislauf des gewöhnlichen Lebens in dieser gewöhnlichen Welt, die
wir alle bewohnen.

Zwischen Zeit und Ewigkeit

Tatsächlich besitzen unsere eigenen westlichen
Traditionen ihre besondere, treffende Beschreibung dieser vermittelnden Liebe, dieser Liebe, die
gleichermaßen Begehren und Wunschlosigkeit
ist, eine wirkliche Möglichkeit für den Menschen,
der in seinem Wesen gleichermaßen die Welt und
jenseits der Welt ist. Was ist das für eine Liebe, die
beiden Eigenschaften des Menschen entspricht –
diese potentielle Synthese von Zeit und Ewigkeit?

Diese Liebe wird in einer der kraftvollsten und
schönsten Passagen des Neuen Testaments beschrieben. Sie gab den Menschen des Abendlandes
während fast 2000 Jahren Hoffnung und Trost.
Und auch sie entstand als Ideal in einer Gemeinschaft von Suchenden, die hier die Anweisung erhalten, auf besondere Weise miteinander zu arbeiten, mit ihren Emotionen auf eine bestimmte
Weise zu ringen. Obwohl das Wort Agape verwen-
det wird, meint es hier nicht so sehr Gottes Liebe
für den Menschen, sondern die Liebe, auf die Män-

ner und Frauen hinarbeiten können, indem sie sich den individuellen Bedürfnissen und dem Streben des anderen zuwenden. Um die besondere Eigenschaft dieser Liebe aufzuzeigen, wurde das Wort Agape in der King-James-Bibel als *charity*, Güte, Barmherzigkeit, wiedergegeben, *caritas* in der alten lateinischen Übersetzung. Im 4. Jahrhundert kam durch die Gedanken des heiligen Augustins und seine Interpretation des Begriffes *caritas* die Vorstellung auf, die menschliche Liebe habe die Kraft, Leidenschaft und unpersönliche Liebe – Eros und Agape – zu vereinen. Caritas ist jene Liebe, die sich nach Gott sehnt, *eine Liebe, die, gerichtet auf einen anderen Menschen, Gott als Nächsten ersehnt. Caritas* bzw. *charity* in der King-James-Bibel hat nur wenig mit Wohltätigkeit zu tun. Es ist daher sinnvoll, das Wort in den folgenden Passagen des ersten Briefes Paulus an die Korinther mit *Liebe* wiederzugeben:

Wenn ich mit den Zungen der Menschen und der Engel rede, doch Liebe nicht habe, bin ich ein tönendes Metall oder eine klingende Schelle.
Und wenn ich Prophetengabe besitze und um alle Geheimnisse weiß und alle Erkenntnis, und wenn ich allen Glauben habe, daß ich Berge versetze, doch Liebe nicht habe, so bin ich nichts.
Und wenn ich all meine Habe austeile zur Speise für die Armen und wenn ich meinen Leib hingebe zum Verbrennen, doch Liebe nicht habe, nützt es mir nichts.

Die Liebe übt Nachsicht; in Güte handelt die Liebe. Sie neidet nicht; die Liebe macht sich nicht groß, sie bläht sich nicht auf.

Sie benimmt sich nicht ungehörig, sie sucht nicht das Ihre, sie läßt sich nicht verärgern, sie rechnet das Böse nicht an.

Sie erfreut sich nicht am Unrecht, freut sich jedoch an der Wahrheit.

Sie erträgt alles, sie glaubt alles, sie hofft alles, sie duldet alles.

Die Liebe läßt niemals nach; ob Prophetengaben, sie gehen zu Ende; ob Reden in Zungen, sie werden aufhören; ob Erkenntnis, sie nimmt ein Ende.

Denn Stückwerk ist unser Erkennen und Stückwerk unser prophetisches Reden.

Kommt aber die Vollendung, wird das Stückwerk abgetan werden.

Als ich noch Kind war, redete ich wie ein Kind, dachte ich wie ein Kind, überlegte wie ein Kind: da ich aber Mann geworden, lege ich die Art des Kindes ab.

Denn jetzt schauen wir durch einen Spiegel im unklaren Bild, dann aber von Angesicht zu Angesicht. Jetzt erkenne ich stückweise, dann aber werde ich erkennen, so wie auch ich erkannt bin.

Jetzt bleiben Glaube, Hoffnung, Liebe, diese drei: das Größte von ihnen ist die Liebe.

(1 Korinther 13)

Wir müssen diese Worte von Paulus näher betrachten. Sie können uns zu genau der Frage führen, der wir uns in unserem gemeinsamen Leben stellen müssen.

Schlußfolgerung in Form einer Frage

Wir sind hier. Der Gott der Liebe hat uns hierher gebracht – mitten in das Leben mit seinen Sorgen und Anforderungen, mitten zwischen Vergangenheit und Zukunft, hierher in unsere gebrechlichen, sterblichen Körper, in denen jedes kleine Verlangen unsere Aufmerksamkeit einfordert. Als wir uns verliebten, schirmte uns die Intensität unserer Leidenschaft von den Sorgen des Lebens ab; als wir uns verliebten, wich die Herrschaft der vergangenen und der zukünftigen Zeit der Fülle des gegenwärtigen Augenblicks, unser Körper unterwarf sich mühelos den großen universellen Kräften, die durch ihn hindurchströmten. Verliebtheit wird trotz all ihrer Ängste und gebrochenen Herzen als ein Geschenk empfangen, die Kostprobe einer anderen Seinsweise. Die Natur gab uns das Geschenk der Leidenschaft, und in ihrer Gegenseitigkeit, indem wir immer und unter allen Umständen die Leidenschaft des anderen für uns voraussetzen, fanden wir eine freudige Intensität, in der Geben und Nehmen in eins verschmolzen.

Aber jetzt leben wir zusammen, und jetzt ist etwas gefordert, was über Leidenschaft hinausgeht. Wenn wir an der Liebe arbeiten möchten, genügt es nicht mehr, die Leidenschaft des anderen vorauszusetzen. Die Natur schenkt keinem individuellen Menschen, auch keinem anderen Lebewesen, ständige Leidenschaft. Von einem Menschen ist jetzt eine Ausrichtung gefordert, eine bewußte Bemühung um die Liebe, die durch alle Wellen der Leidenschaft, Fürsorglichkeit, Angst, Ablenkung und des Vergessens trägt; eine Ausrichtung, die durch die Zeiten trägt, in denen man den anderen vergißt und selbst vergessen wird, die Zeiten der Versuchung und der Phantasie und der natürlichen, unwillkürlichen Anziehungskraft einer neuen Leidenschaft.

Wir können nicht lieben wie Gott oder die Heiligen. Wenn wir die heiligen Schriften richtig lesen, verlangt das auch niemand von uns. Die Liebe, von der Paulus spricht, die Liebe, die »aufbaut«, die Nachsicht übt, frei ist von Neid und Selbstsucht, die keinen persönlichen Gewinn sucht, nicht leicht verärgert wird und keine bösen Gedanken an andere hegt – diese Liebe existiert in uns in dem Augenblick und so lange, wie ein Mensch den anderen als jemanden sieht, der die Wahrheit sucht, als jemanden, der in sich das hegt, was Buddhisten »den heiligen Wunsch« nennen.

Die Aufgabe der Liebe besteht darin, im anderen den Wunsch nach Erwachen vorauszusetzen. Inmitten all der Dinge, denen sich zwei Menschen stellen und die sie gemeinsam durchleben müssen, erkennt diese Liebe im anderen stillschweigend den Wunsch an, frei von Illusion zu werden, von Angst, Egoismus, falschen Phantasien, Selbsttäuschung, Spannung und Gewalt, frei von der Macht des ganz normalen Lebens, unser inneres Potential aufzuzehren. Das Bemühen um Liebe, vermittelnde Liebe, setzt nicht nur den Wunsch voraus, frei *von* diesen immerwährenden Schwächen der menschlichen Verfassung zu sein – sondern frei *für* das Erlangen einer anderen Qualität des Seins in uns selbst, einer bewußten Energie, die Geist, Herz und Körper jedes Menschen durchdringen sollte.

Kein Mensch kann diesen Wunsch oder diese Suche in einen anderen hineinlegen. Aber am Anfang der bewußten Liebe steht, dies im anderen vorauszusetzen und im Geben und Nehmen des gemeinsamen Lebens immer wieder zu dieser unausgesprochenen Annahme zurückzukehren. Wenn wir sie auf diese Weise verstehen, gewinnen die vertrauten Worte von Paulus* eine neue

---

* Im 19. Jahrhundert griff Kierkegaard diese Worte mit schöpferischem Geist auf und zeigte der modernen Welt ihre praktische, existentielle Bedeutung. Für Kierkegaard beruht die Aufgabe der Liebe darin, im anderen Liebe vorauszusetzen. Auf dieser Grundlage nimmt die ganze spirituelle Weisheit der Welt über die Liebe eine neue Bedeutung an. Wovon wir hier sprechen, ist eine bescheidene und fragmentarische Anwendung von Kierkegaards Einsichten auf die Bedürfnisse und persönlichen Einstellungen unserer Zeit und unserer Umgebung.

Bedeutung für unsere Zeit. So verstanden, werden seine Einsichten über die Liebe zu einem Hohlspiegel, der das Licht der Weisheitslehren der Welt über die Liebe bündelt und auf das Leben gewöhnlicher Menschen richtet, die darum ringen, einander in einer Welt zu lieben, die – wie es vielleicht die eigentliche Natur der Welt ist – ständig ihr Herz und ihre Seele verliert.

Die Liebe übt Nachsicht; in Güte handelt die Liebe. Es gehört zur Aufgabe der Liebe, von den Forderungen zurückzutreten, die wir dem anderen unwillkürlich auferlegen. Wenn wir annehmen, daß andere nach sich selbst suchen, wissen wir, daß sie darum ringen, ihre eigenen Schwächen und Betrügereien zu sehen. Gewiß gibt es gegenseitige Verpflichtungen zwischen Menschen, aber *Liebe kann einen anderen nicht dazu verpflichten, innerlich frei zu sein.* Liebe nimmt an, daß der andere, in der Stille der Auseinandersetzung mit sich selbst, an den Niederlagen seines eigenen Willens und seiner eigenen Aufmerksamkeit leidet. Liebe nimmt an, daß der andere sich selbst noch deutlicher sehen möchte als wir ihn oder sie sehen. Es ist daher Aufgabe der Liebe, den Wunsch nach Selbsterkenntnis im anderen vorauszusetzen.

Güte wiederum bedeutet nicht, daß wir auf verletzende Worte oder Taten nicht reagieren und das manchmal sogar heftig. Nur bleibt hinter unseren Antworten und Reaktionen der Wunsch nach dem inneren Kampf des anderen bestehen. Selbst wenn wir uns ärgern oder verletzt fühlen und das auch zeigen, bleibt im Hintergrund der Psyche, unter dem Ärger oder dem Verletztsein, die Aufgabe der Liebe, sich zu erinnern, wer wir sind und wofür wir überhaupt auf der Erde leben. In diesem dualen Zustand – in dem wir reagieren und gleichzeitig versuchen, uns an die gemeinsame Suche zu erinnern – können wir ärgerlich sein, ohne das Sein des anderen zu verwerfen, können wir verletzt sein, ohne über das Herz und den Willen des anderen zu urteilen. Es steht außer Frage, daß es sehr schwierig ist, diesen dualen Zustand inmitten eines Gefühlsausbruchs aufrechtzuhalten. *Aber es ist möglich.*

Liebe ... sucht nicht das Ihre. Ganz offensichtlich besteht das, was wir normalerweise Liebe nennen, größtenteils aus einem Tauschhandel, und es gehorcht Gesetzen, die denen des Geschäftslebens nicht unähnlich sind. Ich werde dich lieben, solange du mich liebst. Ich werde für dich sorgen, solange du für mich sorgst. Oder ich werde dich lieben, solange das, was du machst oder wer du bist, mir etwas verschafft, das ich mir wünsche. Es wäre töricht zu behaupten, menschliche Liebe könne frei von diesen Beweggründen sein. Und warum sollte sie auch? Die gesamte natürliche Welt existiert auf der Grundlage gegenseitiger Hilfe und gegenseitigen Austauschs. Nichts existiert, das nicht etwas anderem dient und nichts –

kein Stein, keine Pflanze oder Tier – kann fortbestehen, ohne zu etwas anderem zu dienen, ohne zu geben, was von ihr oder ihm benötigt wird. Das Gesetz der Natur besteht aus Symbiose im weitesten Sinne, aus gegenseitiger Abhängigkeit.

Dennoch »sucht [die Liebe] nicht das Ihre«. Liebe sucht, daß sich der andere um seine oder ihre eigene Wahrheit bemühen kann, also – im Licht der Weisheitslehren – sein oder ihr *unabhängiges Dasein*. Das Gesetz der Natur ist gegenseitige Abhängigkeit, Ziel des menschlichen Lebens ist aber unabhängiges Dasein: Dasein, unabhängig von den Forderungen des sterblichen Körpers und des vergänglichen, von dem von der Gesellschaft erschaffenen Ich. Nach den Weisheitslehren bedeutet Unabhängigkeit für den Menschen, Gehorsam gegen die ewige Wirklichkeit in uns und über uns. In den Worten Kierkegaards: »Liebe ist wesentlich Opfer ... Denn wenn ein Mensch die Liebe eines anderen Menschen sucht, sucht er danach, selbst geliebt zu werden; dies ist kein Opfer; *Opfer bestünde genau darin, dem anderen bei der Suche nach Gott zu helfen.*«

Wenn gegenseitige Abhängigkeit das Gesetz des Lebens ist, geht es hier nicht so sehr um ein anderes Gesetz, sondern um eine andere Art des Lebens und eine andere Art der gegenseitigen Abhängigkeit. Mir wird nur geholfen, wenn ich dir helfe, ohne einen Gedanken an mich selbst. Märchen und Legenden aus dem Herzen der Weisheitslehren der Welt erzählen uns ständig von der Belohnung, die nur erhält, wer keine Belohnung erhofft. In dem Augenblick, in dem der Gedanke an Lohn auftritt, werden die Taten der Liebe Teil einer anderen Ebene des Lebens. Diese besitzt ihre eigene Berechtigung, ist aber nicht jene Ebene des menschlichen Wesens, in der sich das Ewige spiegelt. Das grundlegende Geheimnis aller Märchen und Legenden und natürlich auch des die westliche Welt bestimmenden Mythos ist das Paradoxon der sich opfernden Liebe, der Liebe, die »nicht das Ihre« sucht. Die Suche in einem anderen vorauszusetzen heißt, für einen Augenblick frei von großen Teilen dessen zu werden, was der eigenen inneren Suche nach Sinn im Wege steht. Die Suche in einem anderen vorauszusetzen, macht auf geheimnisvolle Weise Raum dafür, daß wir die Wahrheit in uns selbst erfahren können. Aufgabe der Liebe ist es, in uns selbst darum zu ringen, uns genau in dem Augenblick an diese Voraussetzung zu erinnern, in dem uns alle eigenen »natürlichen Impulse« des Eigeninteresses, seien sie gesund oder nicht, auf die Seite der psychologischen Sicherheit ziehen. Wieder: es ist sehr schwierig, *aber es ist möglich.*

Liebe läßt sich nicht verärgern, sie rechnet das Böse nicht an. Tatsächlich *lassen* sich natürlich die meisten von uns leicht provozieren, und wir denken Böses über den anderen, wenn wir zum »Bösen« zählen, dem anderen selbstsüchtige und gedankenlose Motive zu unterstellen. Es ist kein

Wunder, daß diese Worte der Weisheit uns als er-
müdende und heuchlerische Ermahnung erscheinen mögen, uns wie Heilige zu verhalten. Aber
mit diesen scheinbar so unrealistischen Worten
zeigen die Weisheitslehren in Wirklichkeit etwas
Wesentliches über das Bemühen, die Suche des
anderen vorauszusetzen. Entscheidend ist hier,
daß diese Haltung mehr sein muß als nur ein
flüchtiger Gedanke, an dem wir uns ergötzen,
während unsere Gefühle ihre eigenen Wege gehen. Die Suche im anderen vorauszusetzen, beginnt vielleicht lediglich als faszinierende und
hoffnungsvolle Vorstellung davon, wie wir andere Menschen betrachten können. Tatsächlich
können wir aber die Suche des anderen nicht
wirklich voraussetzen, wenn wir nicht selbst im
gleichen Moment ernsthaft versuchen, uns unserem Geist und unserem Herzen zuzuwenden. Die
Suche in einem anderen anzunehmen, hängt von
der Suche in uns selbst ab und schürt diese wiederum, es befreit uns bis zu einem gewissen Grad
einen Augenblick lang von den Fluten der Angst
und der Selbstsucht. Es ist ermüdend und heuch-
lerisch von Menschen zu verlangen, keine nega-
tiven Gedanken über den anderen zu hegen. Neu
und hoffnungsvoll an der vermittelnden Liebe ist
aber, daß die *Bemühung um die Liebe* – ohne daß
wir vorgeben müßten, Heilige zu sein – tatsächlich zu einer Kostprobe unserer eigenen Freiheit
von selbstsüchtigen Gefühlen führt.

Das Wunder, oder wenn man so möchte, das

Gesetz der Suche besteht darin, daß wir tatsächlich zur Erfahrung der Freiheit gelangen, wenn wir uns ernsthaft prüfen, ohne irgend etwas verbessern zu wollen. Dementsprechend führt der Versuch, andere als Suchende nach sich selbst zu betrachten, auf einer anderen Ebene dazu, daß die Wärme für den anderen zurückkehrt, die unter einer Flut von Emotionen verschwunden war. Und schließlich wird diese sich um den anderen bemühende Arbeit der Liebe im anderen früher oder später unweigerlich dieselbe Art der Liebe hervorrufen.

Die Legenden der Antike lassen uns nie vergessen, daß wir geboren wurden und daß wir sterben werden. Ganz gleich, was wir vollbringen, welches Drama, welche Absurdität, welchen Triumph oder welche Niederlage, welche Würde oder welche Größe wir erlangen, ganz gleich, wer handelt und an wem gehandelt wird, wer leidet und wer hintergeht, wer hilft und wer behindert, ganz gleich, welche Ehre oder welche Schmach wir auf uns ziehen, gleichgültig wie gewalttätig, zärtlich, weise oder dumm wir handeln – immer und überall werden wir als »Sterbliche« bezeichnet, als Wesen, die geboren wurden und die sterben werden. In dieser Hinsicht spiegeln die Legenden der Antike die grundlegende Frage jedes Menschen, der vom Sog des Lebens zurücktritt und darüber nachdenkt, warum wir hier sind und wozu wir gedacht sind.

Es gehört zum eigentlichen Wesen des Menschen, diese Frage zu stellen, und zwar nicht nur intellektuell, sondern mit unserem ganzen Sein. Und in ihrer letzten Konsequenz muß sie jeder selbst beantworten. Aber neben der Dringlichkeit und der grundlegenden Einsamkeit dieser Frage über unser Leben und unseren Tod, besteht die Tatsache der Liebe, ihrer Glut und ihrer Wärme und der Hoffnung, die sie uns bieten kann. Neben der grundlegenden Einsamkeit der Frage, warum wir leben und sterben, besteht die Gemeinschaft der Liebe. Liebe ist ein ebenso wesentlicher, bestimmender Teil der menschlichen Natur und des menschlichen Lebens.

Auf eine bestimmte Weise scheint sich die Kraft der Liebe als Antwort auf das schmerzhafte Rätsel des Todes anzubieten. Aber die Legenden der Antike und unsere eigene menschliche Erfahrung zeigen uns häufig, daß die Liebe letztendlich daran scheitert, dieses Rätsel zu beantworten. Obwohl wir von Freude und Leid der uns gegebenen Liebe immer wieder an die Schwelle einer Antwort getragen werden, werden wir auch immer wieder zur endlichen, von der Zeit gesteuerten Wahrnehmung des Ich zurückgetragen, von dem wir wissen, daß es sterblich ist und schwach und scheinbar letztendlich sinnlos.

Es stellt sich dann die Frage: Lieben wir mit einer Intensität und Kraft, die der Tatsache unserer Sterblichkeit angemessen ist? Wir sind keine Götter, wir sind Männer und Frauen. Wir werden

»Sterbliche« genannt. Das heißt, wir werden durch unsere Sterblichkeit bestimmt.

Werden wir das wirklich? Wieder die Frage: Lieben wir mit aller uns möglichen Qualität und Kraft? Der Tod ist uns gegeben, wir können ihm nicht entkommen. Aber sollte die Liebe, die uns gegeben ist, die Antwort auf jene Endlichkeit sein, die uns zu der Frage führt, wer und was wir sind? Liebe ist ganz sicher die Antwort auf den Tod. Aber welche Art der Liebe? Und wie finden wir sie?

Zu allen Zeiten und in jeder Epoche der Geschichte erhielt die Menschheit bestimmte Lehren und Praktiken, die auf eine Möglichkeit deuteten, unsere scheinbar unausweichliche Endlichkeit zu transzendieren. Diese Lehren können mit Göttern verglichen werden, die uns Sterbliche besuchen – Jupiter mit seiner ganzen weitreichenden Macht und Merkur, dessen Rolle darin besteht, die Verständigung zwischen Göttern und Sterblichen mit allen Mitteln zu unterstützen. Jupiter ist der Herrscher der ewigen Wirklichkeit, Merkur spricht darüber zu den Menschen und zeigt ihnen den Weg: *wenn sie es wünschen.*

Es gilt für alle diese Lehren, daß den Menschen der Weg zum neuen Leben nicht aufgezwungen werden kann, weder durch Furcht oder Verführung noch durch Logik, die nur den Geist überzeugt, noch durch Gewohnheit oder blinden Gehorsam. Wir müssen um die Gaben der Götter bitten, frei und auf eigenen Wunsch. Unzählige

Legenden und Geschichten sprechen davon, wie überaus wichtig es ist, zu wissen, was man wünscht, und welches Unglück diejenigen erwartet, die töricht oder selbstsüchtig wünschen.

Wandeln diese Götter, diese Lehren, noch immer auf der Erde? Und in welchem Gewand? Die Geschichte von Baucis und Philemon kann als symbolischer Hinweis auf die Art der Liebe gesehen werden, die sich zwischen zwei Menschen entwickeln kann, die nach Wahrheit suchen und die der Wahrheit dienen möchten. Vielleicht führt gerade diese Art der Liebe, wenn sie sich mit den sterblichen Freuden und Bedürfnissen unseres Lebens vermischt, Männer und Frauen über ihre Endlichkeit hinaus. Wir könnten dann sagen, ohne eine Spur von Sentimentalität oder Wunschdenken, daß Liebe stärker ist als der Tod. In den Worten von Paulus: »Liebe bleibt.«

Literaturverzeichnis
Im Text erwähnte und weitere Literatur zu spirituellen Aspekten der Liebe

Bhagavad Gita. Der Gesang der Erhabenen, aus dem Sanskrit von Theodor Springmann, Angenbühl (H. Schwab) 1962

de Rougement, Denis, *Love in the Western World*, New York (Pantheon Books) 1956

Fromm, Erich, *Die Kunst des Liebens*, Zürich (Manesse) 1995

Gurdjieff, G. I., *Aus der wirklichen Welt. Gurdjieffs Gespräche mit seinen Schülern*, (Sphinx Verlag AG) 1982

Kierkegaard, Søren, *Der Liebe Tun I*, Gütersloh (Gütersloher Taschenbücher) 1989

Kierkegaard, Søren, *Der Liebe Tun II*, Gütersloh (Gütersloher Taschenbücher) 1983

Krishnamurti, Jiddu, *Einbruch in die Freiheit*, (Ulstein Taschenbücher) 1988

Meher, Baba, *Darlegungen über das Leben in Liebe und Wahrheit*, Frankfurt am Main (Fischer Taschenbuch, Reihe »Spirit«, Bd. 13209) 1996

Merton, Thomas, *Liebe und Leben*, Braunschweig (Benziger) 1988

Needleman, Jacob, *Die sanfte Revolution des Glaubens*, Frankfurt am Main (W. Krüger) 1997

Nygren, Anders, *Agape and Eros*, New York (Harper & Row) 1969

Orage, A. R., *On Love*, New York (Samuel Weiser) 1974

Ouspensky, Peter D., *Tertium Organum*, Bern (Scherz) 1973

Platon, *Symposion*, München (Artemis) 1989

Rilke, Rainer M., *Briefe*, Frankfurt am Main (Insel) 1970

Rūmī, Jalāluddīn, *Die Sonne von Tabriz*, aus dem Persischen von Cyrus Atabay, Frankfurt am Main (Fischer Taschenbuch, Reihe »Spirit«, Bd. 13243) 1997

Salzberg, Sharon, *Geborgen im Sein*, Frankfurt am Main (W. Krüger) 1996

Shaw, Miranda, *Erleuchtung durch Ekstase*, Frankfurt am Main (W. Krüger) 1997

Vaughan-Lee, Llewellyn, *Die Karawane der Derwische*, Frankfurt am Main (Fischer Taschenbuch, Reihe »Spirit«, Bd. 13208) 1997

Vaughan-Lee, Llewellyn, *Transformation des Herzens*, Frankfurt am Main (W. Krüger) 1996

Wilber, Ken, *Eros, Kosmos, Logos*, Frankfurt am Main (W. Krüger) 1996

Jacob Needleman
Die Seele der Zeit

Aus dem Amerikanischen von Jochen Eggert
204 Seiten. Geb.

Auf der Suche nach der eigenen Zeit – wer ist das nicht? In hektischer Betriebsamkeit, versuchen wir immer mehr Termine in immer kürzerer Zeit abzuhaken, packen wir unsere Freizeit mit den unterschiedlichsten Aktivitäten voll – ohne Sinn und Verstand und ohne jede Möglichkeit zur Besinnung.

Jacob Needleman sieht im Mangel an Zeit »die Armut unseres Wohlstands. Es ist unsere Hungersnot, die Hungersnot einer Kultur, der Dinge wichtiger sind als die Zeit, der das Außen wichtiger ist als das Innen.« Diesem Phänomen entgegenzuwirken ist sein Ziel. Dabei geht es nicht um neue noch ausgefeiltere Methoden des Zeitmanagements, sondern um die Wiederentdeckung eines Sinns in unserem Leben. Auf sympathische und nachdenklich stimmende Weise lädt er uns ein, die Seele der Zeit – unserer Zeit – wiederzuentdecken.

Wolfgang Krüger Verlag

Spirit

Taisha Abelar
Die Zauberin
Die magische Reise
einer Frau auf dem
toltekischen Weg
des Wissens
Band 13304

Stephen Batchelor
**Buddhismus für
Ungläubige**
Band 14026

Mojdeh Bayat
Mohammad Ali
Jamnia
**Geschichten aus
dem Land der Sufis**
Band 13966

P. Besserman (Hg.)
**Früchte vom
Baum des Lebens**
Die Weisheit der
jüdischen Mystik
Band 13027

Jerry Braza
**Achtsamkeit –
leben im
Augenblick**
Band 14253

Thomas Cleary (Hg.)
Dhammapada
Die Quintessenz
der Buddha-Lehre
Band 13156
**Die Drei Schätze
des Dao**
Basistexte der
inneren Alchimie
Band 12899

Mark Epstein
**Gedanken ohne
den Denker**
Das Wechselspiel
von Buddhismus
und Psychotherapie
Band 14252

Reshad Feild
**Jede Reise beginnt
mit einer Frage**
Ein Leben in der
Sufi-Tradition
Band 14456

David Fontana
**Kursbuch
Meditation**
Die verschiedenen
Meditations-
techniken und
ihre Anwendung
Band 13098

Matthew Fox
**Freundschaft
mit dem Leben**
Die vier Pfade
der Schöpfungs-
spiritualität
Band 14016

Stanislav Grof
**Kosmos und
Psyche**
Band 14641

Fischer Taschenbuch Verlag

Spirit

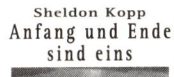

Hans Gruber
**Kursbuch
Vipassanā**
Wege und Lehren
der Einsichts-
meditation
Band 14393

Meister Hakuin
Authentisches Zen
N. Waddell (Hg.)
Band 13333

William Hart
**Die Kunst
des Lebens**
Vipassana-
Meditation nach
S. N. Goenka
Band 12991

Huang-po
Der Geist des Zen
Band 13256

Sheldon B. Kopp
**Anfang und Ende
sind eins**
Band 13824
**Triffst Du Buddha
unterwegs ...**
Psychotherapie und
Selbsterfahrung
Band 14671

Arnold Kotler (Hg.)
Mitgefühl leben
Engagierter
Buddhismus heute
Band 14256

Jiddu Krishnamurti
**Der Flug
des Adlers**
Band 14637
Du bist die Welt
Band 14480
**Die Zukunft
ist jetzt**
Band 14636

Jiddu Krishnamurti
Das Notizbuch
Band 14481
**Über Leben
und Sterben**
Band 13656

John Daido Loori
**Hat ein Hund
Buddha-Natur?**
Die Kōan-
Praxis im Zen
Band 13019

Th. E. Mails (Hg.)
**Ich singe mein
Lied für Donner,
Wind und Wolken**
Das Leben
von Fools Crow
Band 13032

Meister Dae Gak
**Das Zen des
Lauschens**
Band 14110

Fischer Taschenbuch Verlag

Spirit

Meister Wumen
Huikai
**Die torlose
Schranke des Zen**
Das Mumonkan als
Arbeitsbuch der
Zen-Schulung
Band 14460

Maura O'Halloran
**Im Herzen
der Stille**
Aufzeichnungen
einer Zen-Schülerin
Band 13822

Raimon Panikkar
Gottes Schweigen
Die Antwort
des Buddha für
unsere Zeit
Band 13273

Ravi Ravindra
**Mystisches
Christentum**
Band 13029

Jalāluddīn Rūmī
**Die Sonne
von Tabriz**
Gedichte,
Aphorismen und
Lehrgeschichten
des großen Sufi-
Meisters
Band 13243

Sharon Salzberg
Geborgen im Sein
Die Kraft der
Mettā-Meditationen
Band 14461

**Innenansichten der
großen Religionen**
Buddhismus -
Christentum -
Daoismus -
Hinduismus -
Islam - Judentum -
Konfuzianismus
Herausgegeben von
Arwind Sharma
Band 13142

Raymond Smullyan
Das Tao ist Stille
Band 13588

Clark Strand
**Meditation
ohne Guru**
Einfache Übungen
für ein gelassenes
Leben
Band 14391

Chögyam Trungpa
**Die Insel des
JETZT im
Strom der Zeit**
Bardo-Erfahrungen
im Buddhismus
Band 13823

Yeshe Tsogyal
**Der Lotosge-
borene im Land
des Schnees**
Wie Padma-
sambhava den
Buddhismus nach
Tibet brachte
Band 12975

Fischer Taschenbuch Verlag

Spirit

H. G. Türstig (Hg.)
Die Weisheit der Upanischaden
Klassiker indischer
Spiritualität
Band 12896

Llewellyn
Vaughan-Lee
Transformation des Herzens
Die Lehren
der Sufis
Band 14257

Llewellyn
Vaughan-Lee (Hg.)
Die Karawane der Derwische
Die Lehren der
großen Sufi-Meister
Band 13208

Roger N. Walsh
Der Geist des Schamanismus
Band 14079

Tenzin Wangyal
Der kurze Weg zur Erleuchtung
Dzogehen-Meditation nach den Bōn-Lehren Tibets
Band 13233

Sylvia Wetzel
Das Herz des Lotos
Frauen und
Freiheit
Band 14254

C. Whitmyer (Hg.)
Arbeit als Weg
Buddhistische
Reflexionen von
Robert Aitken,
Thich Nhat Hanh,
Shunryu Suzuki,
Tarthang Tulku u. a.
Band 13022

Ken Wilber
Halbzeit der Evolution
Der Mensch auf
dem Weg vom
animalischen
zum kosmischen
Bewußtsein
Band 13210
Eine kurze Geschichte des Kosmos
Band 13397

(Hg.) Ken Wilber
Bruce Ecker
Dick Anthony
Meister, Gurus, Menschenfänger
Über die Integrität
spiritueller Wege
Band 13825

Fischer Taschenbuch Verlag

fi 2090 / 4 d